国家数字图书馆工程标准规范成果

国家数字图书馆长期保存信息包封装标准规范与应用指南

郑小惠　杨东波　童庆钧　主编

國家圖書館出版社
National Library of China Publishing House

图书在版编目（CIP）数据

国家数字图书馆长期保存信息包封装标准规范与应用指南 / 郑小惠，杨东波，童庆钧主编 .-- 北京：国家图书馆出版社，2014.10

（国家数字图书馆工程标准规范成果）

ISBN 978-7-5013-5443-6

Ⅰ . ①国…　Ⅱ . ①郑…　②杨…　③童…　Ⅲ . ①中国国家图书馆—信息资源—封装工艺—规范—指南　Ⅳ . ① G255.73-65

中国版本图书馆 CIP 数据核字 (2014) 第 187745 号

书　　名　国家数字图书馆长期保存信息包封装标准规范与应用指南

著　　者　郑小惠　杨东波　童庆钧　主编

责任编辑　高　爽　王炳乾

出　　版　国家图书馆出版社（100034　北京市西城区文津街 7 号）
（原书目文献出版社　北京图书馆出版社）

发　　行　010-66114536　66126153　66151313　66175620
66121706（传真），66126156（门市部）

E-Mail　btsfxb@nlc.gov.cn（邮购）

Website　www.nlcpress.com ——→ 投稿中心

经　　销　新华书店

印　　装　北京科信印刷有限公司

版　　次　2014 年 10 月第 1 版　2014 年 10 月第 1 次印刷

开　　本　787×1092（毫米）　1/16

印　　张　11.5

字　　数　200 千字

书　　号　ISBN 978-7-5013-5443-6

定　　价　58.00 元

《国家数字图书馆工程标准规范成果》丛书编委会

本书编委

姜爱蓉　程变爱　姚　飞　张成昱　陈　武
窦天芳　远红亮　王志庚　申晓娟　李春明
翟喜奎　赵　悦　周　晨　董晓丽　王文玲

总　　序

数字图书馆涵盖多个分布式、超大规模、可互操作的异构多媒体资源库群，面向社会公众提供全方位的知识服务。它既是知识网络，又是知识中心，同时也是一套完整的知识定位系统，并将成为未来社会公共信息的中心和枢纽。数字图书馆建设的最终目标是实现对人类知识的普遍存取，使任何群体、任何个人都能与人类知识宝库近在咫尺，随时随地从中受益，从而最终消除人们在信息获取方面的不平等。“国家图书馆二期工程暨国家数字图书馆工程”是国家“十五”重点文化建设项目，由国家图书馆主持建设，其中国家数字图书馆工程的建设内容主要包括硬件基础平台、数字图书馆应用系统和数字图书馆标准规范体系。

标准规范作为数字图书馆建设的基础，是开发利用与共建共享资源的基本保障，是保证数字图书馆的资源和服务在整个数字信息环境中可利用、可互操作和可持续发展的基础。因此，在数字图书馆建设中，应坚持标准规范建设先行的原则。国家数字图书馆标准规范体系建设围绕数字资源生命周期为主线进行构建，涉及数字图书馆建设过程中所需要的主要标准，涵盖数字内容创建、数字对象描述、数字资源组织管理、数字资源服务、数字资源长期保存五个环节，共计三十余项标准。

在国家数字图书馆标准规范建设中，国家图书馆本着合作、开放、共建的原则，引入有相关标准研制及实施经验的文献信息机构、科研机构以及企业单位承担标准规范的研制工作，这就使得国家数字图书馆标准规范的研制能够充分依托国家图书馆及各研制单位数字图书馆建设的实践与研究，使国家数字图书馆的标准规范成果具有广泛的开放性与适用性。本次出版的系列成果均经过国家图书馆验收、网上公开质询以及业界专家验收等多个验收环节，确保了标准规范成果的科学性及实用性。

目前，国内数字图书馆标准规范尚处于研究与探索性应用阶段，国家图书馆担负的职责与任务决定了我们在数字图书馆标准规范建设方面具有的责任。此次将国家数字图书馆工程标准规范研制成果付梓出版，将为其他图书馆、数字图书馆建设及相关行业数字资源建设与服务提供建设规范依据，对于推广国家数字图书馆建设成果，提高我国数字图书馆建设标准化水平，促进数字资源与服务的共建共享具有重要意义。

国家图书馆馆长周和平

2010年8月

目　　录

前 言

由国家图书馆主持建设的国家数字图书馆工程自2005年开始建设，截至2011年6月底，国家图书馆数字资源总量已达545TB，数字资源发布总量396.7TB，包括自建数字资源、外购数字资源、互联网采集的数字资源以及全国文化信息共享工程的数字资源等。

国家数字图书馆工程长期保存规范要求根据OAIS参考模型，制定国家数字图书馆长期保存中使用的SIP、AIP、DIP 3种信息包的封装规范及封包细则，以满足国家数字图书馆长期保存各种数字资源的需求。此规范将用于国家长期保存系统，作为系统中数字资源封装和传递的规范。

元数据编码与传输标准（METS）提供一种元数据编码的XML文档格式，可用于管理仓储内的数字对象以及数字对象在仓储之间（或仓储与用户之间）的交换，因此METS文档可以担当OAIS模型中SIP、AIP或DIP的角色。METS的实施较为灵活，任何可处理XML的系统都可以用来创建、存储、传递基于METS的元数据。XML的开放性也使METS记录不依赖于任何软件系统。因此本标准规范建议等效采用METS。

本标准规范是为服务国家图书馆数字资源建设，根据国家数字图书馆工程长期保存规范招标指南、研制需求书和成交合同研制的，因此本标准规范主要针对国家图书馆的实际情况，兼顾制定中国图书馆行业数字对象长期保存规范的需要。如要以此规范为基础发展图书馆行业数字对象长期保存规范，需要在国家数字图书馆应用的基础上进行修改、补充和完善，并按照国家标准研制的正式程序组织有关单位共同研制。

本应用指南针对长期保存信息包封装规范而制定，主要目的有两方面：一方面深入解释METS标准的使用规则，另一方面通过实例说明对相关类型资源进行封装时，涉及的一般流程。

METS除了可以用自身的结构对数字对象进行表述之外，还可以使用扩展机制从外部引用相关标准。METS结构的灵活性使其在实际应用中的复杂度增加。因此，本应用指南不仅对METS标准自身结构的使用规则进行了说明，同时对外部引用的使用规则也进行了说明，特别着重于如何封装PREMIS信息。本应用指南还针对国家图书馆主要资源类型（如电子期刊、电子图书、图像、音视频等）提供了若干实例。

为图书馆建设及相关行业数字资源建设与服务提供建设规范依据，对于推广国家数字图书馆建设成果、提高我国数字图书馆建设标准化水平、促进数字资源与服务的共建共享具有重要意义。

编者

2013年8月

第一部分　国家数字图书馆长期保存信息包封装标准规范

1 范围

本标准规范根据开放存档信息系统（OAIS），等效采用元数据编码与传输标准（METS），制定国家数字图书馆长期保存元数据信息包封装标准规范。

本标准规范可直接或经修订后供其他图书馆或信息服务机构使用，但其修订必须遵循本标准规范的基本原则与扩展原则。

2 规范性引用文件

下列文件对于本文件的应用是必不可少的。凡是注日期的引用文件，仅注日期的版本适用于本文件。凡是不注日期的引用文件，其最新版本（包括所有的修改单）适用于本文件。

METS Schema, version 1.9, 2010. http://www.loc.gov/standards/mets/mets.xsd

PREMIS Preservation Metadata Schema, version 2.0, 2008. http://www.loc.gov/standards/premis/premis.xsd

Reference Model for an Open Archival Information System (OAIS) Pink Book, Draft Recommended Standard, CCSDS 650.0-P-1.1, August 2009

3 术语和定义

下列术语和定义适用于本标准规范。

3.1 开放存档信息系统 Open Archival Information System（OAIS）

开放存档信息系统（OAIS）参考模型为构建数字信息长期保存和维护的存档系统提供一个概念性框架，提供了完整的存档信息保存功能，包括信息摄入（接收）、档案存储、数据管理、存取和分发。OAIS还论述了数字信息从一种媒体或格式到另一媒体或格式的迁移、信息表示的数据模型、信息保存中软件的作用、存档系统间的信息交换等。

3.2 信息包 information package

信息包由数字对象及其相关联的元数据组成，数据和元数据共同封装成一个逻辑包。信息包有三种：提交信息包（SIP）、存档信息包（AIP）和分发信息包（DIP）。

3.3　提交信息包　Submission Information Package（SIP）

提交信息包由生产者提交给OAIS，一般包括内容信息和保存描述信息（PDI）。

3.4　存档信息包　Archival Information Package（AIP）

存档信息包由内容信息及其相关的保存描述信息（PDI）构成，保存于OAIS系统中。

3.5　分发信息包　Dissemination Information Package（DIP）

分发信息包来源于一个或多个AIP，由OAIS发送给消费者。

SIP、AIP和DIP的相互关系如图1所示。

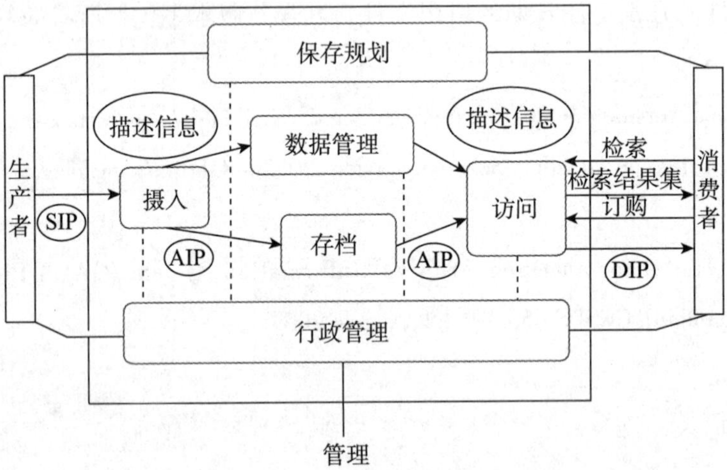

图1　OAIS 参考模型框架

3.6　封装　packaging

封装信息用于将内容信息和保存描述信息绑定在一个逻辑包中，将AIP的各部分相关联，使其可以在存档系统中作为一个逻辑单位被识别和定位。

3.7　元数据编码与传输标准　Metadata Encoding and Transmission Standard（METS）

METS提供一种元数据编码的XML文档格式，不但适于仓储内部数字对象的管理，而且适于这些对象在仓储之间（或仓储与用户之间）的交换。它可以担当OAIS模型中SIP、AIP或DIP的角色。

4 信息包的构成

4.1 概述

基于METS文档封装的信息包由7个METS节（section）组成：

（1）METS头（METS Header）：包含描述METS文档自身的元数据，如创建者、编辑者等。

（2）描述元数据（Descriptive Metadata）：可以指向METS文档外部的描述元数据，也可以在METS文档内部嵌入描述元数据，或二者兼有。

（3）管理元数据（Administrative Metadata）：提供管理元数据信息，既可以位于METS文档外部，也可以编码在METS文档内部。

（4）文件节（File Section）：列出数字对象的所有内容文件。

（5）结构图（Structural Map）：表达数字对象的层次结构，并将该结构中的元素与相应的内容文件和元数据关联。

（6）结构链接（Structural Links）：可记录结构图层次节点之间的超链接。

（7）行为（Behavior）：用于关联可执行代码与METS对象内容。

METS根元素与各节的关系如图2所示。

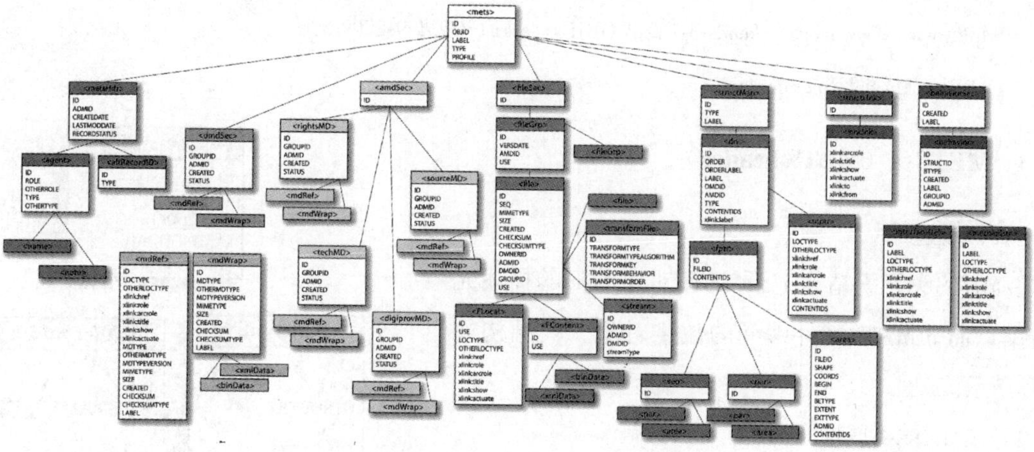

图 2 METS 根元素与各节关系示意图

4.2 METS根元素（METS root element）

根元素<mets>为按标准存储和传递的信息建立容器。它包括以下属性（属性用下划线标出，括号中标明其数据类型及必备性，下同）：

ID（ID，可选）：METS根元素的唯一标识符，其他元素或文档可通过该属性用IDREF或XPTR引用根元素。

OBJID（字符串型，可选）：METS对象的主标识符。该属性非必备，但建议使用。该标识符用于把整个METS对象标记到外部系统。

LABEL（字符串型，可选）：是一个简单的标题字符串，用于标识METS文档中描述的对象或实体。

TYPE（字符串型，可选）：用于表示数字对象的类型。

PROFILE（字符串型，可选）：用于表示该METS文档符合哪些注册的应用纲要。

示例：

本例采用XML 1.0版（UTF-8编码）、本记录所用标准的URL列表、数字对象的OBJID（以URN记录）以及描述编码对象的可读标签（本例为数字对象的标题*Martial Epigrams*）。

```
<?xml version="1.0" encoding="UTF-8"?>
<mets:mets xmlns:mets="http://www.loc.gov/METS/"
xmlns:mods="http://www.loc.gov.mods/v3"
xmlns:xlink="http://www.w3.org/1999/xlink"
xmlns:xsi="http://www.w3.org/2001/XMLSchema-instance"
xsi:schemaLocation="http://www.loc.gov/METS/
http://www.loc.gov/standards/mets/mets.xsd http://www.loc.gov/mods/v3
http://www.loc.gov.mods/v3/mods-3-1.xsd" OBJID="ark:/13030/kt9s2009hz"
LABEL="Martial Epigrams">
```

4.3 METS头（METS header）

4.3.1 概述

METS头元素精简记录METS对象本身的描述元数据，而非METS文件编译的数字对象，其结构如图3所示。

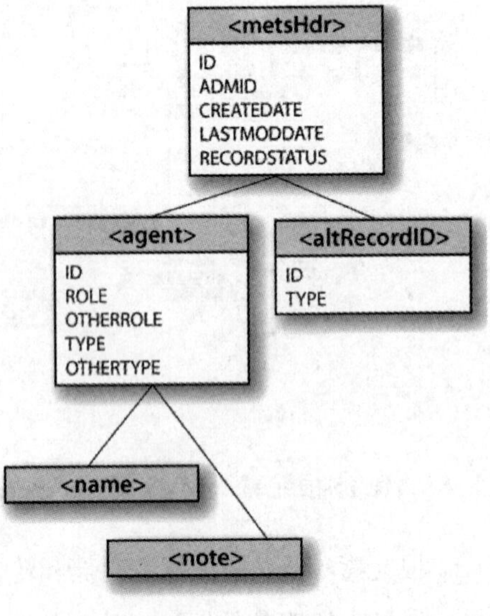

图3 METS头

4.3.2 METS头属性

ID（ID，可选）：METS头元素的唯一标识符。其他元素或文档可以通过该属性用IDREF或XPTR引用<metsHdr>元素。

ADMID（ID，可选）：包含METS文档<amdSec>元素中的<techMD>、<sourceMD>、<rightsMD>与/或

<digiprovMD>元素的ID属性值。

CREATEDATE（日期型，可选）：记录METS文件创建的时间/日期。

LASTMODDATE（日期型，可选）：记录METS文件最后修改的时间/日期。

RECORDSTATUS（字符串型，可选）：指出METS文件的状态，以便进行内部处理。

4.3.3 METS头包含的元素

4.3.3.1 代理

代理元素<agent>定义了METS记录形成文档的各参与者及其作用。它包括以下属性：

ID（ID，可选）：代理元素的唯一标识符，其他元素或文档可以通过该属性用IDREF或XPTR引用<agent>元素。

ROLE（字符串型，必备）：表示代理在METS记录中所起的作用。可取值有：

CREATOR：创建者，对METS文档负责的机构或个人。

EDITOR：编辑者，准备编码元数据的机构或个人。

ARCHIVIST：存档者，负责文档/收藏的机构或个人。

PRESERVATION：保存者，负责对资源进行长期保存的机构或个人。

DISSEMINATOR：传播者，负责对资源进行传播的机构或个人。

CUSTODIAN：监护者，负责对文档/收藏进行监管的机构或个人。

IPOWNER：知识产权所有者，对数字对象拥有知识产权（版权、商品或服务标记等）的机构或个人。

OTHER：其他。上述值不适于表示代理的类型和位置时，可以使用此值，代理类型用OTHERROLE属性表达。

OTHERROLE（字符串型，可选）：ROLE属性为“OTHER”时，用属性值列表以外的值表达。

TYPE（字符串型，可选）：表示代理的类型，必须在如下范围内取值：

INDIVIDUAL：个人。代理为个人时，选用本值。

ORGANIZATION：机构。代理为公共机构、合作团体、社团、非营利组织、政府、宗教团体等时，选用本值。

OTHER：其他。上述值不适于表示代理的类型和位置时，可以使用该值，代理类型用OTHERTYPE属性表达。

OTHERTYPE（字符串型，可选）：TYPE属性为“OTHER”时，其类型可用该属性表达。

代理元素<agent>有两个子元素：名称<name>和备注<note>。名称元素<name>可用来记录文档代理的全名，备注元素<note>可用来记录METS文档中代理活动的任何附加信息。

示例：

```
<!--本例表示Rick Beaubien于2006年5月9日10:30创建的METS文档。-->
<metsHdr CREATEDATE="2006-05-09T10:30:00">
    <mets:agent ROLE="CREATOR">
        <mets:name>Rick Beaubien</mets:name>
    </mets:agent>
</metsHdr>
```

4.3.3.2 其他记录ID

其他记录ID元素<altRecordID>允许用其他记录ID值表示METS文档描述的数字对象。记录的主标识符存储在METS根元素的OBJID属性中。它包括以下属性：

ID（ID，可选）：其他记录ID元素的唯一标识符，其他元素或文档可通过该属性用IDREF或XPTR引用其他记录ID元素。

TYPE（字符串型，可选）：描述其他记录ID的类型（如OCLC记录编号、美国国会图书馆控制号LCCN等）。

示例1：

```
<!--本例的其他记录ID类型为LCCN，编号为20023838。-->
<metsHdr CREATEDATE="2006-05-09T00:00:00">
    <mets:agent ROLE="CREATOR">
        <mets:name>Rick Beaubien</mets:name>
    </mets:agent>
    <mets:altRecordID TYPE="LCCN">20022838</mets:altRecordID>
<mets:metsHdr>
```

示例2：

```
<!--本例其他记录ID使用的是美国加州大学圣迭戈分校的内部标识码，并说明各代理属性的使用。-->
<metsHdr CREATEDATE="2004-02-22T00:00:00"
LASTMODDATE="2004-03-16T00:00:00" RECORDSTATUS="production">
    <mets:agent ROLE="CREATOR" TYPE="ORGANIZATION">
        <mets:name>UCSD</mets:name>
        <mets:note>SIP METS submitted to CDL.</mets:note>
    </mets:agent>
    <mets:agent ROLE="PRESERVATION" TYPE="ORGANIZATION">
        <mets:name>California Digital Library</mets:name>
```

```
            <mets:note>SIP METS and associated file(s) placed in Preservation Repository.
            </mets:note>
        </mets:agent>
        <mets:agent ROLE="EDITOR" TYPE="ORGANIZATION">
            <mets:name>California Digital Library</mets:name>
            <mets:note>DIP METS created.</mets:note>
        </mets:agent>
        <mets:agent ROLE="DISSEMINATOR" TYPE="ORGANIZATION">
            <mets:name>California Digital Library</mets:name>
            <mets:note>Object placed in production.</mets:note>
        </mets:agent>
        <mets:altRecordID TYPE="UCSD">siogc29s5</altRecordID>
    </metsHdr>
```

4.4 描述元数据（descriptive metadata）

4.4.1 概述

描述元数据节<dmdSec>记录METS对象整体或部分的描述元数据，其结构如图4所示。可存在多个描述元数据节，既可以逐条记录，也可以按组件的方式记录。

描述元数据可以用多种标准记录，如MARC、MODS、DC、TEI头标、VRA、FGDC、DDI或本地XML schema。

对描述元数据的编码，METS本身不提供词表或语法。METS也不定义描述元数据元素。描述元数据的内容指南由具体描述标准决定。METS提供一种方式，把描述元数据与数字内容以及其他类型元数据（如结构元数据和管理元数据）相链接。

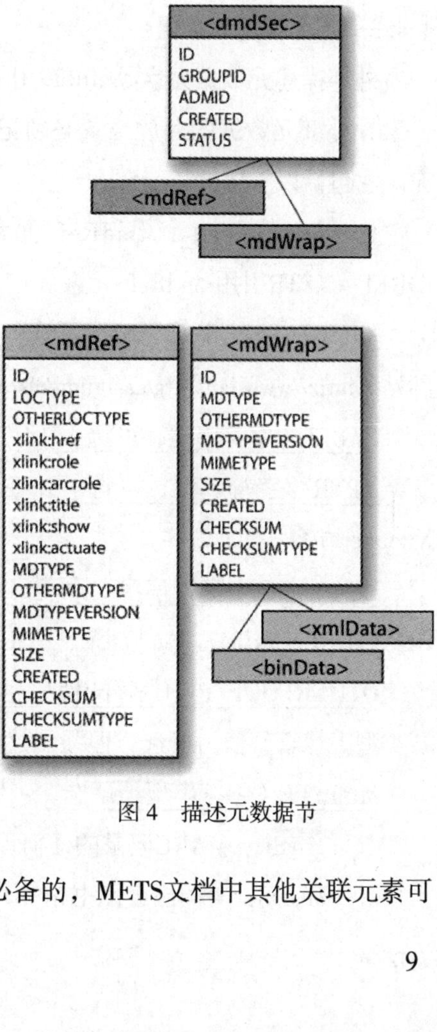

图 4 描述元数据节

4.4.2 描述元数据节的属性

ID（ID，必备）：描述元数据节元素的唯一标识符，其他元素或文档可通过该属性用IDREF或XPTR引用<dmdSec>元素。<dmdSec>元素的ID属性是必备的，METS文档中其他关联元素可通过一个或多个DMDID属性加以引用。<dmdSec>元素通过DMDID属性可以被以下元素引用：<file>、<stream>、<div>。

GROUPID（字符串型，可选）：不同元数据节被划分成组出现时，使用此标识符。如果两个元数据节具有相同的GROUPID值，则被认为属于同一个组。该属性可用于版本维护，例如同一组群中的元数据更换版本时，可以通过追踪该属性而实现。

ADMID（IDREFS，可选）：包含METS文档<amdSec>元素中的<digiprovMD>、<techMD>、<sourceMD>与/或<rightsMD>元素的ID属性值，通常引用适用于当前元数据元素的保存元数据（digiprovMD）。

CREATED（日期型，可选）：记录元数据创建的时间/日期。

STATUS（字符串型，可选）：表明元数据的状态（如“作废”“正在使用”等）。

描述元数据节既可以自身包含元数据（mdWrap），又可以作为外部引用（mdRef），也可以二者兼而有之。例如，可以将MODS记录用XML编码嵌入METS描述元数据节，或直接引用二进制形式的MARC记录。描述元数据节也可以简单地定义描述元数据的类型，如MARC、EAD等，通过URI引用描述元数据的外部地址。

4.4.3　外部描述元数据

外部描述元数据元素<mdRef>用于向METS文档外的元数据提供指针。<mdRef>是一个空元素，外部元数据的存放位置必须记录在href属性里，而且在需要时，能够由XPTR属性补充。它包括以下属性：

ID（ID，可选）：<mdRef>元素的唯一标识符，其他元素或文档可以通过该属性用IDREF或XPTR引用<mdRef>元素。

MIMETYPE（字符串型，可选）：关联文件的IANA MIME媒体类型，其取值参见IANA网站（http://www.iana.org/assignments/media-types/）。

LABEL（字符串型，可选）：定义的引用元数据的标签，便于METS文档的读者理解。

XPTR（字符串型，可选）：在<mdRef>元素引用文件内定位，可以使用任意有效的XPointer方案。

LOCTYPE（字符串型，可选）：xlink:href属性的定位器类型。其有效值有ARK、URN、URL、PURL、HANDLE、DOI、OTHER等。

OTHERLOCTYPE（字符串型，可选）：当LOCTYPE取值为“OTHER”时，表示其定位器类型。尽管其值为可选，但强烈建议列出该定位器类型。

MDTYPE（字符串型，可选）：用于表示相关的元数据类型。其有效值包括：

MARC：MARC记录的任何形式

MODS：美国国会图书馆MODS格式元数据

EAD：编码档案描述的检索工具（Finding aid）

DC：都柏林核心元数据

NISOIMG：静态数字图像的NISO技术元数据

LC-AV：美国国会图书馆的音视频原型对象技术元数据

VRA：可视资源委员会核心元数据

TEIHDR：TEI头标

DDI：数据文档倡议

FGDC：美国联邦地理数据委员会元数据

LOM：学习对象模型

PREMIS：保存元数据：实施策略

PREMIS:OBJECT：PREMIS对象实体

PREMIS:AGENT：PREMIS代理实体

PREMIS:RIGHTS：PREMIS权利实体

PREMIS:EVENT：PREMIS事件实体

TEXTMD：textMD文本技术元数据

METSRIGHTS：权利声明schema

OTHER：非上述格式的元数据

MDTYPEVERSION（字符串型，可选）：当前使用记录元数据类型（记录于MDTYPE或OTHERMDTYPE属性）的版本。该属性可以描述数据字典或元数据模型的版本，而不是schema的版本。

OTHERMDTYPE（字符串型，可选）：当元数据类型MDTYPE的取值为“OTHER”时，在该属性中定义元数据类型。

SIZE（长整型，可选）：表明关联文件或包含内容的字节大小。

CREATED（日期型，可选）：表明关联文件或包含内容的创建日期和时间。

CHECKSUM（字符串型，可选）：为关联文件或包含内容提供校验值。

CHECKSUMTYPE（字符串型，可选）：描述产生校验值（包含在CHECKSUM属性）的算法。CHECKSUMTYPE的取值如下：Adler-32、CRC32、HAVAL、MD5、MNP、SHA-1、SHA-256、SHA-384、SHA-512、TIGER和WHIRLPOOL。

示例：

```
<dmdSec ID="DMD1">
    <mdRef MIMETYPE="text/xml" LABEL="MODS record" LOCTYPE="URN"
    MDTYPE="MODS">urn:x-nyu:fales1735</mdRef>
</dmdSec>
```

4.4.4 内部描述元数据

元数据包装器元素<mdWrap>为嵌入METS文件中的元数据提供了一个封装。该元素可重复。元数据可以有如下两种形式：

（1）XML编码的元数据，直接应用这种特定XML编码的命名域，而并不是采用METS文件的命名域。

（2）用任意二进制或文件格式的元数据，条件是其采用了Base64编码方式，并且封装在内部描述元数据元素中的<binData>元素里面。

4.4.4.1 内部描述元数据属性

ID（ID，可选）：<mdRef>元素的唯一标识符，其他元素或文档可以通过该属性用IDREF或XPTR引用<mdRef>元素。

MIMETYPE（字符串型，可选）：描述被封装元数据的MIME类型。

LABEL（字符串型，可选）：定义的引用元数据的标签，便于METS文档的读者理解。

MDTYPE（字符串型，可选）：用于表示相关的元数据类型。其有效值包括：

MARC：MARC记录的任何形式

MODS：美国国会图书馆MODS格式元数据

EAD：编码档案描述的检索工具（Finding aid）

DC：都柏林核心元数据

NISOIMG：静态数字图像的NISO技术元数据

LC-AV：美国国会图书馆的音视频原型对象技术元数据

VRA：可视资源委员会核心元数据

TEIHDR：TEI头标

DDI：数据文档倡议

FGDC：美国联邦地理数据委员会元数据

LOM：学习对象模型

PREMIS：保存元数据：实施策略

PREMIS:OBJECT：PREMIS对象实体

PREMIS:AGENT：PREMIS代理实体

PREMIS:RIGHTS：PREMIS权利实体

PREMIS:EVENT：PREMIS事件实体

TEXTMD：textMD文本技术元数据

METSRIGHTS：权利声明schema

OTHER：非上述格式的元数据

MDTYPEVERSION（字符串型，可选）：当前使用记录元数据类型（记录于MDTYPE或OTHERMDTYPE属性）的版本。该属性可以描述数据字典或元数据模型的版本，而不是schema的版本。

OTHERMDTYPE（字符串型，可选）：当元数据类型MDTYPE的取值为“OTHER”时，在该属性中定义元数据类型。

SIZE（长整型，可选）：表明关联文件或包含内容的字节大小。

CREATED（日期型，可选）：表明关联文件或包含内容的创建日期和时间。

CHECKSUM（字符串型，可选）：为关联文件或包含内容提供校验值。

CHECKSUMTYPE（字符串型，可选）：描述产生校验值（包含在CHECKSUM属性）的算法。CHECKSUMTYPE的取值如下：Adler-32、CRC32、HAVAL、MD5、MNP、SHA-1、SHA-256、SHA-384、SHA-512、TIGER和WHIRLPOOL。

4.4.4.2 内部描述元数据元素

<mdWrap>元素包含两个元素：

· <binData>：包含Base64编码元数据的封装元素；

· <xmlData>：包含XML编码元数据的封装元素。

<xmlData>元素的内容可以是任意命名域，也可以没有命名域。XML Schema标准允许<xmlData>元数据的processContents属性值为“lax”。如果XML的schemaLocation属性指明其描述元数据所引用的源schema及其位置，XML处理器会认为元素有效，因为可以找到文档声明。如果没有指明源schema，或在schemaLocation属性里没有找到，XML校验器将会校验其是否符合语法规则，但会跳过在<xmlData>中出现的元素。

示例：

本例说明<mdWrap>元素的使用。

```
<mets:dmdSec ID="DMD1">
    <mets:mdWrap MDTYPE="MODS">
        <mets:xmlData>
            <mods:mods>
                <mods:titleInfo>
                    <mods:title>Epigrams</mods:title>
                </mods:titleInfo>
                <mods:name type="personal">
                    <mods:namePart>Martial</mods:namePart>
```

```
</mods:name>
<mods:name type="personal">
        <mods:namePart>Ker, Walter C. A. (Walter Charles Alan), 1853-1929
        </mods:namePart>
</mods:name>
<mods:typeOfResource>text</mods:typeOfResource>
<mods:originInfo>
        <mods:place>
                <mods:placeTerm
                type="text">London</mods:placeTerm>
        </mods:place>
        <mods:publisher>William Heinemann</mods:publisher>
        <mods:dateIssued point="start">1927</mods:dateIssued>
        <mods:dateIssued point="end">1943</mods:dateIssued>
</mods:originInfo>
<mods:language>
        <mods:languageTerm
        type="text">English</mods:languageTerm>
</mods:language>
<mods:physicalDescription>
        <mods:extent>2 v.</mods:extent>
</mods:physicalDescription>
<mods:note>v. 1 has imprint: Cambridge, Ma. : Harvard University Press, 1943
</mods:note>
<mods:note>Latin and English on opposite pages.</mods:note>
<mods:subject authority="lcsh">
        <mods:topic>Epigrams, Latin--Translations into English</mods:topic>
</mods:subject>
<mods:relatedItem type="series">
<mods:titleInfo>
        <mods:title>Loeb classical library></mods:title>
</mods:titleInfo>
```

```
                    </mods:relatedItem>
                    <mods:accessCondition>Unknown</mods:accessCondition>
                    <mods:recordInfo>
                         <mods:recordContentSource>METS Editorial Board
                         </mods:recordContentSource>
                         <mods:recordCreationDate encoding="iso8601">20060316
                         </mods:recordCreationDate>
                    </mods:recordInfo>
               </mods:mods>
          </mets:xmlData>
     </mets:mdWrap>
</mets:dmdSec>
```

或如下所示：

```
<dmdSec ID="dmd003">
    <mdWrap MIMETYPE="application/marc" MDTYPE="MARC" LABEL="OPAC Record">
         <binData>MDI0ODdjam0gIDIyMDA1ODkgYSA0NU0wMDAxMDA... [这里放置
         base 64编码的数据]
         </binData>
    </mdWrap>
</dmdSec>
```

4.5 管理元数据（administrative metadata）

4.5.1 概述

管理元数据节<amdSec>包含的管理元数据可以属于数字对象、数字对象的某些部分以及派生出数字对象的原始资源，其结构如图5所示。管理元数据节有4个子元数据节，即技术元数据<techMD>、权利元数据<rightsMD>、来源元数据<sourceMD>和数字起源元数据<digiprovMD>。每个子元数据节都可以对元数据进行封装（mdWrap），也可以从外部引用（mdRef），或二者兼而有之。METS文件可以包含多个<amdSec>元素，<amdSec>元素也可以包含多个子文件节。由此，管理元数据的结构可以灵活地表达出来。

METS本身并不为管理元数据的编码提供词表或语法。管理元数据既可以遵循目前一些团体共同制定的标准，也可以应用本地自建的XML schema。METS编委会推荐以下内容标准：MIX XML Schema、NISO静态影像技术元数据以及TextMD（文本技术元数据schema）。

其他正在审核的标准包括LC-AV（音视频技术元数据schema）和METSRightsMD schema。关于推荐的标准，可参见METS官方网站（http://www.loc.gov/standards/mets/）。

管理元数据节<amdSec>的子文件节与描述元数据节遵循相同的内容模型，既可以用<mdWrap>元素将元数据包含在METS文件中，也可以用<mdRef>元素引用外部元数据。

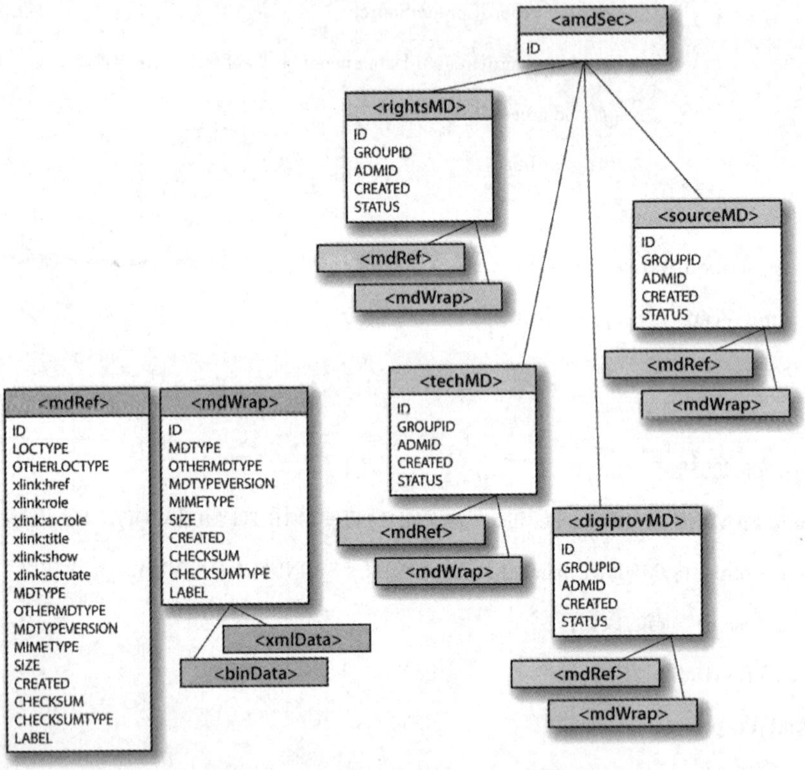

图 5　管理元数据节

4.5.2　管理元数据节的属性

4.5.2.1　管理元数据元素共享的属性

ID（ID，必备）：该元素的唯一标识符，其他元素或文档可以通过该属性用IDREF或XPTR引用该元素。<techMD>、<rightsMD>、<sourceMD>和<digiprovMD>元数据节的ID属性是必备的，METS文档中其他关联元素可通过一个或多个ADMID属性加以引用。以下元素可以通过ADMID属性引用<techMD>、<rightsMD>、<sourceMD>和<digiprovMD>元素：<metsHdr>、<dmdSec>、<techMD>、<sourceMD>、<rightsMD>、<digiprovMD>、<fileGrp>、<file>、<stream>、<div>、<area>、<behavior>。

GROUPID（ID，可选）：不同元数据节被划分成组出现时，运用此标识符。如果两个元数据节具有相同的GROUPID值，则被认为属于同一个组。该属性可用于版本维护，例如同一组群中的元数据更换版本时，可以通过追踪该属性而实现。

ADMID（IDREFS，可选）：包含METS文档<amdSec>元素中的<digiprovMD>、<techMD>、<sourceMD>与/或<rightsMD>元素的ID属性值，通常引用适用于当前元数据元素的保存元数据（digiprovMD）。

CREATED（日期型，可选）：记录元数据创建的时间和日期。

STATUS（字符串型，可选）：表明元数据的状态（如“作废”、“正在使用”等）。

4.5.2.2 技术元数据

技术元数据元素<techMD>记录METS对象某一部分的技术元数据，如数字内容文件。<techMD>符合通用的数据类型，包括<dmdSec>、<rightsMD>、<sourceMD>和<digiprovMD>元素，并支持相同的子元素和属性。<techMD>既可以包含元数据（mdWrap），也可以通过外部引用（mdRef），也可以二者兼而有之。一个METS记录可以有多个<techMD>元素，<techMD>也可以与任何支持ADMID属性的METS元素相关联。<techMD>可以通过技术描述标准（如MIX和textMD）或本地XML schema表达。

示例：

```
<mets:techMD ID="AMD001">
    <mets:mdWrap MIMETYPE="text/xml" MDTYPE="NISOIMG" LABEL="NISO Img.Data">
        <mets:xmlData>
            <niso:MIMEtype>image/tiff</niso:MIMEtype>
            <niso:Compression>LZW</niso:Compression>
            <niso:PhotometricInterpretation>8
            </niso:PhotometricInterpretation>
            <niso:Orientation>1</niso:Orientation>
            <niso:ScanningAgency>NYU Press </niso:ScanningAgency>
        </mets:xmlData>
    </mets:mdWrap>
</mets:techMD>
```

在文件节中，<fileGrp>下的<file>元素可以通过ADMID属性来引用相应的技术元数据元素。

```
<mets:file ID="FILE001" ADMID="AMD001">
    <mets:FLocat LOCTYPE="URL"
    xlink:href="http://dlib.nyu.edu/press/testing.tif"/>
</mets:file>
```

4.5.2.3 权利元数据

权利元数据元素<rightsMD>用来记录和METS对象某个部分相关的版权和许可信息。<rightsMD>符合通用的数据类型，包括<dmdSec>、<techMD>、<sourceMD>和<digiprovMD>元素，并支持相同的子元素和属性。<rightsMD>既可以包含元数据（mdWrap），也可以通过外部引用（mdRef），也可以二者兼而有之。一个METS记录可以有多个<rightsMD>元素，<rightsMD>也可以与任何支持ADMID属性的METS元素相关联。<rightsMD>可以通过权利描述标准（如CopyrightMD和rightsDeclarationMD）或本地XML schema表达。

示例：

```
<mets:rightsMD ID="ADMRTS1">
    <mets:mdWrap MDTYPE="OTHER" OTHERMDTYPE="METSRights">
        <mets:xmlData>
            <rts:RightsDeclarationMD RIGHTSCATEGORY="PUBLIC DOMAIN">
                <rts:Context CONTEXTCLASS="GENERAL PUBLIC">
                    <rts:Constraints CONSTRAINTTYPE="RE-USE">
                        <rts:ConstraintDescription>This volume was published in Great Britain in 1927
                        by William Heineman （London） with a reference to G.P. Putnam's Sons in New
                        York. （The verso of the title page says "Printed in Great Britain" and notes
                        that is was originally published in 1920 and reprinted in 1927）. Because this
                        work was published abroad before 1978 without compliance with US Copyright
                        formalities and because it entered the public domain in its home country as of 1
                        January 1996, it is now also considered in the public domain in the United States
                        without any constraints on use.
                        </rts:ConstraintDescription>
                    </rts:Constraints>
                </rts:Context>
            </rts:RightsDeclarationMD>
        </mets:xmlData>
    </mets:mdWrap>
</mets:rightsMD>
```

4.5.2.4 来源元数据

来源元数据元素<sourceMD>用来记录描述元数据和管理元数据的来源格式或METS对象某个部分的介质，如数字内容文件。它用于资源发现、数据管理或数字对象的保存。

<sourceMD>符合通用的数据类型，包括<dmdSec>、<techMD>、<rightsMD>和<digiprovMD>元素，并支持相同的子元素和属性。<sourceMD>既可以包含元数据（mdWrap），也可以通过外部引用（mdRef），也可以二者兼而有之。一个METS记录可以有多个<sourceMD>元素，<sourceMD>也可以与任何支持ADMID属性的METS元素相关联。<sourceMD>可以通过来源描述标准（如PREMIS）或本地XML schema表达。

示例：

以电子图书*Epigrams*为例，可以用<sourceMD>连接MARC记录，来描述图书的印刷版。又如，数字音频由磁带数字化而来，可以在<sourceMD>中用<mdWrap>元素来封装磁带的技术元数据，如下所示：

```
<sourceMD ID="SMD_MJF_Tape_0010_Side_A" STATUS="Draft, unformatted"
CREATED="2006-08-28T15:36:53">
    <mdWrap MDTYPE="OTHER" OTHERMDTYPE="Draft AES-X098-SC-03-06-B, version 2006-05-19"
    MIMETYPE="audio/x-wave">
        <xmlData>
            <dataroot xmlns:od="urn:schemas-microsoft-com:officedata" generated="2006-08-28T15:36:53">
            <!--All values for source elements come from the source_metadata table.-->
                <source>
                    <ID>1</ID>
                    <source_metadata_id>SRC000000001</source_metadata_id>
                    <item_face_id_fk>IF000000001</item_face_id_fk>
                    <identifier>0001</identifier>
                    <identifier_type>MJF tape number</identifier_type>
                    <direction>A_PASS</direction>
                    <source_format_type>open reel
                    tape</source_format_type>
                    <analog_digital_flag>analog</analog_digital_flag>
                    <speed>7.5</speed>
                    <speed_unit>Inches per second</speed_unit>
                    <track_format>half track</track_format>
                    <sound_field>stereo</sound_field>
                    <noise_reduction>none</noise_reduction>
                    <equalization>none</equalization>
```

```
                    <gauge>0.25</gauge>
                    <gauge_unit>Inches</gauge_unit>
                    <reel_diameter>7</reel_diameter>
                    <reel_diameter_unit>Inches</reel_diameter_unit>
                    <bit_depth/>
                    <sample_rate/>
                </source>
            </dataroot>
        </xmlData>
    </mdWrap>
</sourceMD>
```

4.5.2.5 数字起源元数据

数字起源元数据元素<digiprovMD>可以用来记录任何与保存相关的对于数字对象文件的动作，比如转换、迁移以及文件的创建。数字起源元素应该用来记录数字资源生命周期中数字对象整体或部分的修改信息，这些信息能被档案馆员、图书馆员或研究者所理解。这些信息可以用来判断数字对象如何改变以及它为何不能精确呈现原始状态。同时，它还可以记录文件之间的主从关系以及派生文件如何创建。<digiprovMD>元素也可以包含文件从初始数字化（如OCR、TEI等）到现有状态（如JPEG2000）的所有迁移、转换的信息。

<digiprovMD>符合通用的数据类型，包括<dmdSec>、<techMD>、<rightsMD>和<sourceMD>元素的数据类型，并且提供相同的子元素和属性。<digiprovMD>既可以包含元数据（mdWrap），也可以通过外部引用（mdRef），也可以二者兼而有之。一个METS记录可以有多个<digiprovMD>元素，<digiprovMD>也可以与任何支持ADMID属性的METS元素相关联。<digiprovMD>可以通过多种数字起源描述标准（如PREMIS）或本地XML schema表达。

示例1：

```
<mets:digiprovMD ID="FPRV24_551">
    <mets:xmlData>
        <mets:mdWrap MDTYPE="OTHER" OTHERMDTYPE="oclcprov">
            <mets:oclcprov:oclcprov>
                <oclcprov:digiprovMD>
                <oclcprov:fixityAlgorithm>Adler-32
                </oclcprov:fixityAlgorithm>
                <oclcprov:fixityCheckResults>202947597</oclcprov:fixityCheckResults>
```

```
                <oclcprov:fixityCheckStatus>Success</oclcprov:fixityCheckStatus>
                <oclcprov:fixityCheckDate>2006-05-15T09:17:49
                </oclcprov:fixityCheck Date>
                <oclcprov:virusSoftware>McAfee Virus Scan for Linux v.4.40.0
                </oclcprov:virusSoftware>
                <oclcprov:virsuCheckStatus>Success</oclcprov:virusCheckStatus>
                <oclcprov:virusCheckDate>2006-05-15T09:17:49</oclcprov:virusCheckDate>
                <oclcprov:mimeType>application/pdf</oclcprov:mimeType>
                </oclcprov:digiprovMD>
            </mets:oclcprov:oclcprov>
        </mets:mdWrap>
    </mets:xmlData>
</mets:digiprovMD>
```

示例2：

```
<mets:digiprovMD ID="DP_0755ad93-5fd1-11da-b211-19e7a5cf4814"
CREATED="2006-11-27T21:37:13">
    <mets:mdWrap MDTYPE="PREMIS">
        <mets:xmlData xmlns:premis=http://www.loc.gov/standards/premis/v1
        xsi:schemaLocation="http://www.loc.gov/standards/premis/v1
        http://www.loc.gov/standards/premis/v1/Event-v1-1.xsd">
            <premis:eventIdentifier>
                <premis:eventIdentifierType>Validation
                </premis:eventIdentifierType>
                <premis:eventIdentifierType>Ingest_Validation_01
                </premis:eventIdentifier Type>
            </premis:eventIdentifier>
            <premis:eventType>Validation</premis:eventType>
            <premis:eventDateTime>2006-11-27-08:00</premis:eventDateTime>
            <premis:eventDetail>ValidationResults</premis:eventDetail>
            <premis:eventOutcomeInformation>
                <premis:eventOutcome>Pass</premis:eventOutcome>
                <premis:eventOutcomeDetail>
```

```
<ingestValidation ID="FILE_epi01m.tiff">
<JhoveOutput>File is of format: TIFF. The file is well-formed. The file is valid.
</JhoveOutput>
<IngestValidatorOutput>The computed checksum matches the original
checksum for file[file:90990250/90990250.pdf]
</IngestValidatorOutput>
<ingestValidatorOutput>Original file ID:
FILE_epi01m.tiff has been changed to
FILE_07108e3e-5fd1-11da-b211-19e7a5cf4814
</IngestValidatorOutput>
<IngestValidatorOutput>Original file name eip01m>tiff has been changed to
FILE_07108e3e-5fd1-11da-b211-19e7a5cf4814,pdf
</IngestValidatorOutput>
</ingestValidation>
</premis:eventOutcomeDetail>
</premis:eventOutcomeInformation>
<premis:linkingAgentIdentifier>
<premis:linkingAgentIdentifierType>"Software"/>
<premis:linkingAgentIdentifierValue>"JHove"/>
</premis:linkingAgentIdentifier>
<premis:linkingAgentIdentifier>
<premis:linkingAgentIdentifierType>"Software"/>
<premis:linkingAgentIdentidierValue>"SDR_Ingest_Validator"/>
</premis:linkingAgentIdentidier>
</premis:event>
</mets:xmlData>
</mets:mdWrap>
</mets:digiprovMD>
```

其他关于PREMIS实施的示例可以在PREMIS实施工作组（PIG，http://www.loc.gov.standards/premis/pig.html）的wiki中找到。

4.6 文件节（file section）

4.6.1 概述

文件节元素<fileSec>的作用是为构成数字对象的内容文件提供详细目录和位置信息。<fileSec>下面的<fileGrp>元素允许文件以不同目的分组放置（如根据格式或用途），其结构如图6所示。在<fileGrp>中，对应于构成编码文档的每一个文件，都有一个<file>元素。<fileGrp>元素也可以用于把与数字对象构成或表现相关的文件集合起来。

<fileGrp>可以通过ADMID属性，指向METS文档中相关的管理元数据元素<amdSec>。管理元数据信息可以包括<fileGrp>的技术信息：

- <techMD>：文件组的技术信息；
- <rightsMD>：关于访问权限等细节信息；
- <sourceMD>：源对象信息；
- <digiprovMD>：文件组的长期保存信息，如数字对象的数字起源或修改转换信息。

<fileGrp>中的<file>元素可以通过ADMID属性指向管理元数据信息，同样也可以用DMDID属性指向描述信息。

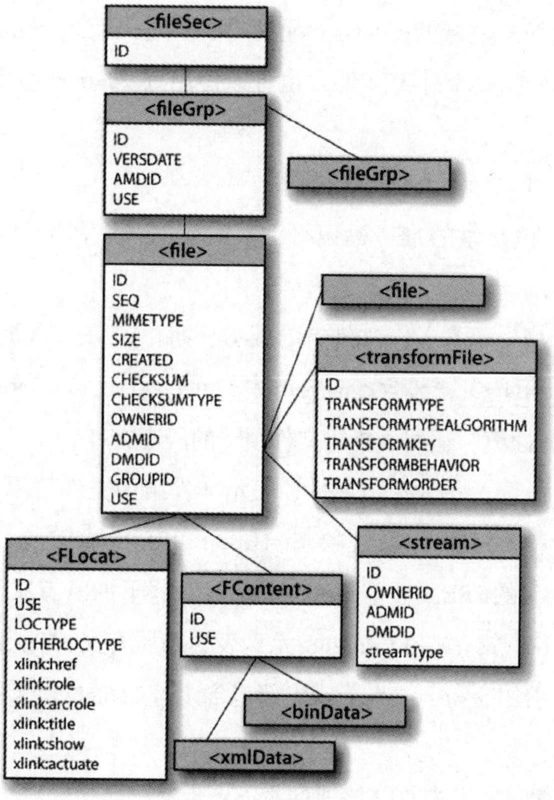

图6　文件节

4.6.2 文件节包含的元素

4.6.2.1 文件组

顺序排列的<fileGrp>元素可以包含METS对象的各个数字文件，它们之间既可以是不分层的组织，也可以是分层的嵌套组织。如果内容文件为不同格式或像素的图像对象，可以在<fileGrp>中将图像内容文件按格式或像素分组，为每种图像格式创建一个<fileGrp>，可以分为如下3种不同的组：

· 缩略图组<fileGrp>；

· 分辨率较高JPEG图像的<fileGrp>；

· 保存级TIFF图像<fileGrp>。

对于包含各种内容文件类型的文本资源，可以根据内容文件的格式分组，然后使用<fileGrp>元素的嵌套组织，对内容文件按格式进行下一级划分，即：

· 所有页图像的<fileGrp>，根据图像格式和分辨率（如TIFF、JPEG、GIF），使用嵌套的<fileGrp>元素；

· 文档所有页的<fileGrp>，为PDF版本；

· TEI编码的<fileGrp>，为XML版本，针对整个文档或各页。

<fileGrp>可以包含任意数量的<fileGrp>元素与/或<file>元素。<file>元素可以用<FLocat>指针，通过URI指向一个或多个外部文件，也可以使用<FContent>元素，自身包含XML或二进制数据文件。

文件组包括以下属性：

ID（ID，可选）：该元素的唯一标识符，其他元素或文档可以通过该属性用IDREF或XPTR引用该元素。

VERSDATE（日期型，可选）：文件组的版本日期。

ADMID（IDREFS，可选）：包含<amdSec>中的<techMD>、<sourceMD>、<rightsMD>与/或<digiprovMD>元素的ID属性值，适用于指定文件组下的所有文件。

USE（字符串型，可选）：为标记属性，表示文件组中文件的用途（如图像的主文件、参考文件、缩略图等）。USE属性可以在<fileGrp>、<file>、<FLocat>与/或<FContent>等层次上表达。<fileGrp>元素的USE属性值适用于该<fileGrp>下的所有文件。<file>元素的USE属性适用于其从属的<FLocat>与/或<FContent>元素表达的所有文件。<FLocat>或<FContent>的USE属性适用于其外部引用（<FLocat>）或内部包含（<FContent>）的文件。

示例：

以下METS片段描述一本书中TIFF格式的页面图像。

```
<mets:mets xmlns:mets="http://www/loc.gov/METS/"
```

```
xmlns:mods="http://www.loc.gov/mods/v3"
xmlns:xlink="http://www.w3c.org/1999/xlink"
xmlns:xsi="http://www.w3.org/2001/XMLSchema-instance"
xsi:schemaLocation="http://www.loc.gov/METS/
http://www.loc.gov/standards/mets/mets.xsd http://www.loc.gov/mods.v3
http://www.loc.gov/mods/v3/mods-3-1.xsd" OBJID="ark:/13010/kt9s2009hz"
LABEL="Martial Epigrams">
...
    <mets:fileSec>
        <mets:fileGrp ID="TIFF_GRP01" USE="MASTER IMAGE">
        ...
    </mets:fileSec>
```

其他<fileGrp>可以描述JPEG或GIF格式的同一页面图像。

4.6.2.2 文件元素

文件元素<file>提供访问描述数字对象的内容文件的途径。文件元素<file>可以包含一个或多个<FLocat>元素（它提供指向内容文件的指针）与/或<FContent>元素（为文件的编码版本提供封装）。使用<FContent>的嵌入文件，对于在仓储间交换数字对象（或离线存储数字对象的版本）非常有用。所有<FLocat>和<FContent>元素应标识与/或包含单个文件或其拷贝。<file>元素具有递归性，允许大文件的子文件或组成文件在目录中列出。存档的tar或zip文件可以用这种方式表达。也可以使用<stream>元素，在<file>元素中放置较小的组成文件。格式迁移后生成转换文件，可以用<transformFile>元素在<file>元素表达文件的不同版本。

文件元素包括以下属性：

ID（ID，必备）：该元素的唯一标识符，其他元素或文档可以通过该属性用IDREF或XPTR引用该元素。<file>元素的ID属性值可通过<structMap>中的<fptr>元素与/或<area>元素的一个或多个FILEID属性（均为IDREF格式）引用。ID属性的引用在结构分区（<div>）和内容文件的整体或部分之间建立链接。

MIMETYPE（字符串型，可选）：文件的IANA MIME介质类型，其取值参见IANA网站（http://www.iana.org/assignments/media-types/）。

SEQ（整型，可选）：该<file>与其他相关<file>在<fileGrp>中的序列。

SIZE（整型，可选）：文件的字节大小。

CREATED（日期型，可选）：文件的创建日期。

CHECKSUM（字符串型，可选）：文件的校验值。

CHECKSUMTYPE（字符串型，可选）：CHECKSUM属性的校验值类型。CHECKSUMTYPE的取值如下：HAVAL、MD5、SHA-256、SHA-384、SHA-512、TIGER、WHIRLPOOL。

OWNERID（字符串型，可选）：由所有者赋予文件的唯一标识符，其取值可以是URI（不同于读取文件时使用的URI）。

ADMID（IDREFS，可选）：包含<amdSec>中的<techMD>、<sourceMD>、<rightsMD>与/或<digiprovMD>元素的ID属性值，这些元素包含文件的管理元数据。

DMDID（IDREFS，可选）：包含<dmdSec>元素的ID属性值，该元素包含（或链接到）<file>表达的内容文件的描述元数据。

GROUPID（字符串型，可选）：该标识符在本文件和其他文件组的文件之间建立对应关系。该属性通常用于关联某一文件组的主文件和另一文件组的衍生文件。

USE（字符串型，可选）：为标记属性，表示文件组中文件的用途（如图像的主文件、参考文件、缩略图等）。USE属性可以在<fileGrp>、<file>、<FLocat>与/或<FContent>等层次上表达。<fileGrp>元素的USE属性值适用于该<fileGrp>下的所有文件。<file>元素的USE属性适用于其从属的<FLocat>与/或<FContent>元素表达的所有文件。<FLocat>或<FContent>的USE属性适用于其外部引用的（<FLocat>）或内部包含（<FContent>）的文件。

示例：

对于纸本图书而言，可以有3种图像格式（TIFF、JPEG或GIF），每页用<div>表示。TIFF格式图像的<fileGrp>如本例所示。

```
<?xml version="1.0" encoding="UTF-8">
<mets:mets xmlns:mets="http://www.loc.gov/METS/"
xmlns:mods="http://www.loc.gov/mods/v3"
xmlns:xlink="http://www.w3.org/1999/xlink"
xmlns:xsi="http://www.w3.org/2001/XMLSchema-instance"
xsi:schemalocation="http://www.loc.gov/METS
http://www.loc.gov/standards/mets/mets.xsd
http://www.loc.gov/mods/v3/mods-3-1.xsd" OBJID="ark:/13010/kt9s2009hz"
LABEL="Martial Epigrams">
...
    <mets:fileSec>
        <mets:fileGrp ID="TIFF_GRP01" USE="MASTER IMAGE">
```

```
<mets:file ID="epi01m" SIZE="65768"
CREATED="2006-04-11T07:35:22" MIMETYPE="image/tiff"
ADMID="MIX_v1.0_TIFF_epi01m">
...
</mets:file>
</mets:fileGrp>
</mets:fileSec>
```

4.6.2.3 文件位置

文件位置元素<FLocat>为内容文件的位置提供指针。<FLocat>使用XLink参引句法提供链接信息，信息指明内容文件的实际位置，也包含其他附加链接信息的属性。

<FLocat>是一个空元素，被指向资源的位置必须存储在xlink:href属性里。它包括以下属性：

ID（ID，可选）：<FLocat>元素的唯一标识符，其他元素或文档可以通过该属性用IDREF或XPTR引用<FLocat>元素。

LOCTYPE（字符串型，必备）：说明定位器类型，用于xlink:href属性，其有效值为ARK、URN、URL、PURL、HANDLE、DOI、OTHER。

OTHERLOCTYPE（字符串型，可选）：当LOCTYPE属性值为“OTHER”时，该属性用于说明指针类型。该属性非必备，但在LOCTYPE属性值为OTHER时，建议使用该属性。

USE（字符串型，可选）：为标记属性，表示文件组中文件的用途（如图像的主文件、参考文件、缩略图等）。USE属性可以在<fileGrp>、<file>、<FLocat>与/或<FContent>等层次上表达。<fileGrp>元素的USE属性值适用于该<fileGrp>下的所有文件。<file>元素的USE属性适用于其从属的<FLocat>与/或<FContent>元素表达的所有文件。<FLocat>或<FContent>的USE属性适用于其外部引用（<FLocat>）或内部包含（<FContent>）的文件。

以下是XLink的一些属性，更多信息参见W3C网站（http://www.w3.org/TR/xlink）。

xlink:href（URI，可选）：提供内容文件的URI，表明父文件表现的内容文件的位置。只要<FLocat>有意义或需要使用，xlink:href就必须存在。该属性被定义为xlink:simpleLink属性组的一部分。

xlink:role（URI，可选）：起语义的作用。该属性如果存在，将明确资源的URI，该资源描述xlin:href链接的作用和功能。该属性是xlink:simpleLink属性组的一部分。根据IETF RFC 2396的定义，该属性必须是URI引用，除非使用的URI scheme允许使用绝对和相对形式，其URI部分必须是绝对形式。

xlink:arcrole（URI，可选）：如存在，将起语义的作用，用于明确资源的URI，该资源描述相关弧或指向远程资源的指针。和simpleLink相比，该属性在arcLink中使用更多，但该属性被定义为xlink:simpleLink属性组的一部分。根据IETF RFC 2396的定义，该属性必须是URI引用，除非使用的URI scheme允许使用绝对和相对形式，其URI部分必须是绝对形式。

xlink:title（字符串型，可选）：以可读的方式描述某个链接或资源的意义，起语义的作用。

xlink:show（字符串型，可选）：在simpleLink中表示遍历simpleLink远程终端资源（remote ending resource）的行为意向。可取值如下：new、replace、embed、other、none。

xlink:actuate（字符串型，可选）：在simpleLink中表示遍历simpleLink远程终端资源的行为意向。可取值如下：onLoad、onRequest、other、none。

示例：

本例中，TIFF图像的<fileGrp>元素以文件组和文件位置中的单个<file>元素表示。

```
<?xml version="1.0" encoding="UTF-8"?>
<mets:mets xmlns:mets="http://www.loc.gov/METS/"
xmlns:mods="http://www.loc.gov/mods/v3/"
xmlns:xlink="http://www.w3.org/1999/xlink"
xmlns:xsi="http://www.w3.org/2001/XMLSchema-instance"
xsi:schemaLocation="http://www.loc.gov/METS/
http://www.loc.gov/standards/mets/mets.xsd http://www.loc.gov/mods/v3
http://www.loc.gov/mods/v3/mods-3-1.xsd" OBJID="ark:/13030/kt9s2009hz"
LABEL="Martial Epigrams">
...
    <mets:fileSec>
        <mets:fileGrp ID="TIFF_GRP01" USE="MASTER IMAGE">
            <mets:file ID="epi01m" SIZE="65768"
            CREATED="2006-04-11T07:35:22" MIMETYPE="image/tiff" ADMID="MIX_v1.0_TIFF_epi
            o1m">
                <mets:FLocat
                xlink:href="http://www.loc.gov/standards/mets/docgroup/full/01.tiff"
                LOCTYPE="URL"/>
                <mets:/FLocat>
            </mets:file>
        </mets:fileGrp>
    </mets:fileSec>
```

4.6.2.4 文件内容

文件内容元素<FContent>用于表明METS文档内包含的内容文件。内容文件必须是64位编码并且包含在附属的<binData>封装元素里，或组成XML信息并且包含在附属的<xmlData>封装元素里。<xmlData>元素包含XML编译的文件，<xmlData>元素的内容可以放置在任意的命名域，也可以没有命名域。这相当于在XML Schema标准中，将<xmlData>元素里的processContents属性值设为“lax”。因此，如果通过XML中的schemaLocation属性，已经指明了描述元数据所引用的源框架和它的具体位置，则XML解析器会使这些元素生效，并认为这些元素已经有了文档声明。如果在schemaLocation属性里并没有指明或没有找到描述元数据所引用的源框架，则XML校验器会对其形成合理性进行校验，如果无法通过校验，则会跳过在<xmlData>中出现的元素。METS默认的编码方式是UTF-8 Unicode。

文件内容元素包括以下属性：

ID（ID，可选）：<FContent>元素的唯一标识符，其他元素或文档可以通过该属性用IDREF或XPTR引用<FContent>元素。

USE（字符串型，可选）：为标记属性，表示文件组中文件的用途（如图像的主文件、参考文件、缩略图等）。USE属性可以在<fileGrp>、<file>、<FLocat>与/或<FContent>等层次上表达。<fileGrp>元素的USE属性值适用于该<fileGrp>下的所有文件。<file>元素的USE属性适用于其从属的<FLocat>与/或<FContent>元素表达的所有文件。<FLocat>或<FContent>的USE属性适用于其外部引用的（<FLocat>）或内部包含（<FContent>）的文件。

示例：

```
<?xml version="1.0" encoding="UTF-8"?>
<mets:mets xmlns:mets="http://www.loc.gov/METS/"
xmlns:mods="http://www.loc.gov/mods/v3"
xmlns:xlink="http://www.w3.org/1999/xlink"
xmlns:xsi="http://www.w3.org/2001/XMLSchema-instance"
xsi:schemaLocation="http://www.loc.gov/standards/mets/mets.xsd
http://www.loc.gov/mods/v3/mods-3-1.xsd"
OBJID="ark:/13030/kt9s2009hz" LABEL="Martial Epigrams">
...
    <mets:fileSec>
        <mets:fileGrp ID="TIFF_GRP01" USE="MASTER IMAGE">
            <mets:file ID="epi01m" SIZE="65768"
```

```
            CREATED="2006-04-11T07:35:22"
            MIMETYPE="image/tiff" ADMID="MIX_v1.0_TIFF_epio1m">
                <mets:FContent ID="eip01m.tiff" USE="Preservation Master">
                    <binData>[base 64 encoded data goes here]</binData>
                </mets:FContent>
            </mets:file>
        </mets:fileGrp>
    <mets:fileSec>
```

4.6.2.5 字节流

字节流元素<stream>由一条或多条附属的流组成。例如，MPEG4文件可能包含若干个独立的音频流和视频流以及相关的技术元数据。<stream>元素可重复，可在某一文件中记录独立数据流的存在，需要时还可以将附属流与<dmdSec>和<amdSec>元素相关联。

字节流包括以下属性：

ID（ID，可选）：<stream>元素的唯一标识符，其他元素或文档可以通过该属性用IDREF或XPTR引用<stream>元素。

streamTYPE（字符串型，可选）：<stream>的IANA MIME介质的类型。

OWNERID（字符串型，可选）：所有者赋予文件的唯一标识符（可能包含URI），可以使用与读取文件时不同的URI。

ADMID（IDREFS，可选）：包含<amdSec>中的<techMD>、<sourceMD>、<rightsMD>与/或<digiprovMD>元素的ID属性值，这些元素包含文件的管理元数据。

DMDID（IDREFS，可选）：包含<dmdSec>元素的ID属性值，该元素包含（或链接到）<stream>表达的内容文件的描述元数据。

示例：

本例是某个口述历史访谈的文件节摘录，由以下3种不同的格式表达。

· TEI编码的转录文本

· WAV格式的主音频文件

· MP3格式的衍生音频文件

在TEI编码的转录文本中嵌入了一段WAV格式的音频文件，对应于文本中某一段口述访谈。混合内容文件的XML片段如下。

```
<mets:fileSec>
    <mets:fileGrp ID="FORMAT1" USE="Transcription">
        <mets:file ID="FILE001" MIMETYPE="application/xml" SIZE="257537"
```

```
            CREATED="2001-06-10">
                <mets:FLocat LOCTYPE="URL"
                xlink:href="http://dlib.nyu.edu/tamwag/beame.xml"
                </mets:FLocat>
            </mets:file>
        </mets:fileGrp>
        <mets:fileGrp ID="FORMAT2" USE="Master Audio">
            <mets:file ID="FILE002" MIMETYPE="audio/wav" SIZE="64232836"
            CREATED= "2001-05-17" GROUPID="AUDIO1">
                <mets:FLocat LOCTYPE="URL"
                xlink:href="http://dlib.nyu.edu/tamwag/beame.wav">
                </mets:FLocat>
            </mets:file>
        </mets:fileGrp>
        <mets:fileGrp ID="MIXEDFORMAT" VERSDATE="2005-4-14" USE="Master Component Playback">
            <mets:file ID="FILE004_01" MIMETYPE="application/xml"
            SIZE="2566764" CREATED="2005-4-14">
                <mets:FLocat LOCTYPE="URL"
                xlink:href="http://dlib.nyu.edu/tamwag/beame_comp01.xml"/>
                <mets:stream ID="BEAME_COMP_01" streamType="AUDIO/X-WAV" OWNERID="HIST_
                DEPT05_BEAME_COMP_01"
                DMDID="MODS_BEAME_COMP_01"/>
            </mets:file>
        </mets:fileGrp>
    </mets:fileSec>
```

4.6.2.6 转换文件

转换文件元素<transformFile>通过解压或转换附属文件，可以访问<file>元素下的任意附属文件。该元素可重复，并能链接到<behaviorSec>中执行转换行为的<behavior>元素。

转换文件元素包括以下属性：

ID（ID，可选）：<transformFile>元素的唯一标识符，其他元素或文档可通过该属性用IDREF或XPTR引用<transformFile>元素。

TRANSFORMTYPE（字符串型，必备）：表示对需要转换的文件内容进行的转换类型。可以包括把文件解压到附属文件或附属流。XML字符串的受控词表为“decompression”（解压）和“decryption”（解密）。decompression定义为数据压缩的反向行为，如采用某种编译方法，以更少的字节编译信息。原始数据如经过加密，没有相应知识，加密数据将难以读取。decryption即恢复原始数据的过程。

TRANSFORM-ALGORITHM（字符串型，必备）：表明通过decompression或decryption访问文件内容的程序。压缩的算法可以是无损的，也可以是有损的。

TRANSFORMKEY（字符串型，可选）：转换键，与转换算法配合使用，来获取文件内容。

TRANSFORM-BEHAVIOR（字符串型，可选）：指向转换行为元素的IDREF。

TRANSFORMORDER（正整型，必备）：解压或转换容器文件（container file）需要遵循的顺序。

示例：

本例是一个*.tar.gz文件，该文件嵌入了2个文件：TIFF文件和同一图像的JPEG文件。使用<fileSec>元素来描述这些文件，可以用以下方法使用<transformFile>元素。

```
<mets:fileSec ID="TransformEX_01">
    <mets:fileGrp ID="TAR_GZ_container_01" USE="Container">
        <mets:file MIMETYPE="application/tar.gz" USE="Container">
            <mets:FLocat xlink:href="file:sample01.tar.gz" ID="sampleTar01.gz"
            LOCTYPE="URL" />
            <mets:transformFile TRANSFORMORDER="1" TRANSFORMTYPE="decompression"
            TRANSFORMALGORITHM="gunzip">
            <mets:transformFile TRANSFORMORDER="2" TRANSFORMTYPE="decompression"
            TRANSFORMALGORITHM="tar">
            </mets:transformFile>
        <mets:file SEQ="1" MIMETYPE="image/tiff" CHECKSUM=
        "c1b82611e48066016ceb8daa93d46de7" CHECKSUMTYPE="MD5">
            <mets:FLocat xlink:href="file:sample01_image01.tiff" LOCTYPE="URL"
USE="Archival Master"/>
        </mets:file>
        <mets:file SEQ="2" MIMETYPE="image/jpeg" CHECKSUM="c3cb82611e48066016ceb8daa93d46
        df5" CHECKSUMTYPE="MD5">
            <mets:FLocat xlink:href="file:sample01_image01jpeg" LOCTYPE="URL" USE="Display
```

```
                Derivative"/>
            </mets:file>
        </mets:fileGrp>
</mets:fileSec>
```

4.6.3　完整的文件节示例

示例1：

纸本书的每一页都由3个相关联的内容文件表示，分别为TIFF、JPEG和GIF格式。

```
<?xml version="1.0" encoding="UTF-8"?>
<mets:mets xmlns:mets="http://www.loc.gov/METS/"
xmlns:mods="http://www.loc.gov/mods/v3"
xmlns:xlink="http://www.w3.org/1999/xlink"
xmlns:xsi="http://www.w3.org/2001/XMLSchema-instance"
xsi:schemaLocation="http://www.loc.gov/METS/
http://www.loc.gov/standards/mets/mets.xsd http://www.loc.gov/mods/v3
http://www.loc.gov/mods/v3/mods-3-1.xsd" OBJID="ark:/13030/kt9s2009hz"
LABEL="Martial Epigrams">
...
<mets:fileSec>
        <mets:fileGrp USE="MASTER IMAGE">
            <mets:file ID="epi01m" MIMETYPE="image/tiff">
                <mets:FLocat
                xlink:href="http://www.loc.gov/standards/mets/docgroup/full/01/tif" LOCTYPE="URL"/>
            </mets:file>
            <mets:file ID="epi02m" MIMETYPE="image/tiff">
                <mets:FLocat
                xlink:href="http://www.loc.gov/standards/mets/docgroup/full/02.tif" LOCTYPE="URL"/>
            </mets:file>
            <mets:file ID="epi03m" MIMETYPE="image/tiff">
                <mets:FLocat
                xlink:href="http://www.loc.gov/standards/mets/docgroup/full/03.tif" LOCTYPE="URL"/>
            </mets:file>
            <mets:file ID="epi04m" MIMETYPE="image/tiff">
```

```
            <mets:FLocat
            xlink:href="http://www.loc.gov/standards/mets/docgroup/full/04.tif" LOCTYPE="URL"/>
        </mets:file> ...
    </mets:fileGrp>
    <mets:fileGrp USE="REFERENCE IMAGE">
        <mets:file ID="epi01r" MIMETYPE="image/jpeg">
            <mets:FLocat
            xlink:href="http://www.loc.gov/standards/mets/docgroup/jpg/01.jpg" LOCTYPE="URL"/>
        </mets:file>
        <mets:file ID="epi02r" MIMETYPE="image/jpeg">
            <mets:FLocat
            xlink:href="http://www.loc.gov/standards/mets/docgroup/jpg/02.jpg" LOCTYPE="URL"/>
        </mets:file>
        <mets:file ID="epi03r" MIMETYPE="image/jpeg">
            <mets:FLocat
            xlink:href="http://www.loc.gov/standards/mets/docgroup/jpg/03.jpg" LOCTYPE="URL"/>
        </mets:file>
        <mets:file ID="epi04r" MIMETYPE="image/jpeg">
            <mets:FLocat
            xlink:href="http://www.loc.gov/standards/mets/docgroup/jpg/04.jpg" LOCTYPE="URL"/>
        </mets:file> ...
    </mets:fileGrp>
    <mets:fileGrp USE="THUMBNAIL IMAGE">
        <mets:file ID="epi01t" MIMETYPE="image/gif">
            <mets:FLocat
            xlink:href="http://www.loc.gov/standards/mets/docgroup/gif/01.gif" LOCTYPE="URL"/>
        </mets:file>
        <mets:file ID="epi02t" MIMETYPE="image/gif">
            <mets:FLocat
            xlink:href="http://www.loc.gov/standards/mets/docgroup/gif/02.gif" LOCTYPE="URL"/>
        </mets:file>
        <mets:file ID="epi03t" MIMETYPE="image/gif">
```

```
<mets:FLocat
xlink:href="http://www.loc.gov/standards/mets/docgroup/gif/03.gif" LOCTYPE="URL"/>
</mets:file>
<mets:file ID="epi04t" MIMETYPE="image/gif">
<mets:FLocat
xlink:href="http://www.loc.gov/standards/mets/docgroup/gif/04.gif" LOCTYPE="URL"/>
</mets:file> ...
</mets:fileGrp>
</mets:fileSec>
</mets:mets>
```

示例2：

上述口述历史访谈的文件节<fileSec>以下面3种格式表示。

· TEI编码的副本

· WAV格式的主音频文件

· MP3格式的衍生音频文件

本例的<fileSec>包含3个子<fileGrp>元素，每个子<fileGrp>元素对应一种对象格式。第一种对象格式是XML编码的转录文本文件，第二种是WAV格式的主音频文件，第三种是MP3格式的衍生音频文件。这样一个简单的例子似乎不需要<fileGrp>元素来区分不同的对象类型，但在包含大量扫描页面图像的对象中，或在单个对象版本包含大量文件的情况下，<fileGrp>元素将很有用。将<file>元素划分到<fileGrp>元素下，将使文件的分类归属问题变得相当简单。

两个音频<file>元素的GROUPID属性值相同，都是“AUDIO01”，这表明虽然这两个文件格式不同，但包含相同的基本信息。在包含大量扫描页面图像的数字对象中，相同的页面图像文件也能够用类似的方法表示。混合格式数字对象的XML片段如下。

```
<mets:fileSec>
    <mets:fileGrp ID="FORMAT1" USE="Transcription">
        <mets:file ID="FILE001" MIMETYPE="application/xml" SIZE="257537"
        CREATED ="2001-06-10">
            <mets:FLocat LOCTYPE="URL" http://dlib.nyu.edu/tamwag/beame.xml
            </mets:FLocat>
        </mets:file>
    </mets:fileGrp>
```

```
<mets:fileGrp ID="FORMAT2" USE="Master Audio">
    <mets:file ID="FILE002" MIMETYPE="audio/wav" SIZE="64232836"
    CREATED= "2001-05-17" GROUPID="AUDIO1">
        <mets:FLocat LOCTYPE="URL"
        http://dlib.nyu.edu/tamwag/beame.wav
        </mets:FLocat>
</mets:fileGrp>
<mets:fileGrp ID="FORMAT3" VERSDATE="2001-05-18" USE="Derivative Audio">
    <mets:file ID="FILE003" MIMETYPE="audio/mpeg" SIZE="8238866"
    CREATED= "2001-05-18" GROUPID="AUDIO1">
        <mets:FLocat LOCTYPE="URL" http://dlib.nyu.edu/tamwag/beame.mp3>
        </mets:FLocat>
    </mets:file>
</mets:fileGrp>
</mets:fileSec>
```

4.7 结构图（structural map）

4.7.1 概述

结构图<structMap>是METS文档的核心，其结构如图7所示。它把<fileSec>中<file>元素所描述的数字内容组织形成一个紧密的层次结构。层次结构能够使用户便捷地理解和使用数字内容。在对内容文件各部分结构关系理解的基础上，它可以用于任意用途。层次结构的组织可以到任意粒度（包括逻辑与/或实体意义上）。由于<structMap>元素可重复，因此METS文档描述的数字内容可以有多种组织形式。

<structMap>的组织可以是逻辑的（如图书分成章节），可以是实体的（如图书按页码排列），也可以是逻辑和实体兼而有之（例如图书分成章节，进而按章节列出页码顺序）。<structMap>所组织的内容可以是许多数字内容文件的混合形式：结构化或非结构化文本、图像、音频、视频或应用程序（如PDF）。

除了同一METS文档<fileSec>的<file>描述的内容之外，<structMap>还可以包含和组织外部METS文档描述的内容。例如，描述某种期刊数字版本的METS文档的<structMap>能够将多个外部METS文档组织起来，各个外部METS文档分别按出版顺序描述期刊的某一卷期。描述期刊各个卷期的METS文档的<structMap>将卷期的内容组织起来。除了组织内容之外，<structMap>还可以在任意层次结构把内容与其相关的描述元数据和管理元数据相链接。

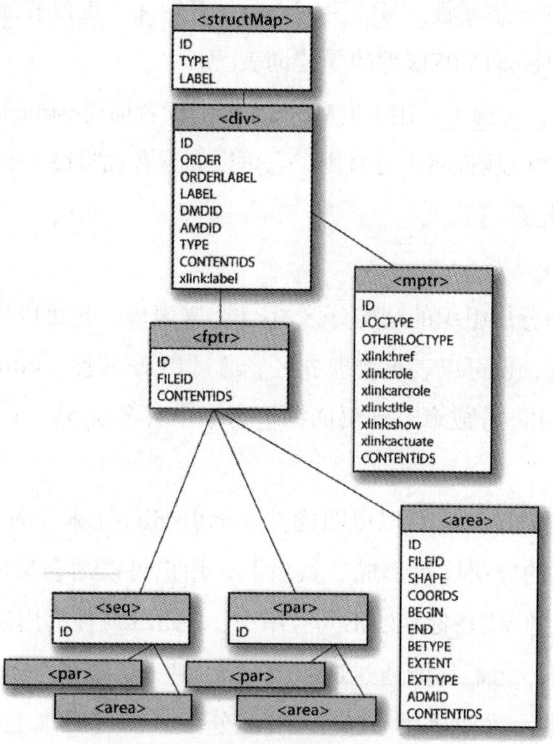

图 7　结构图

<structMap>的层次结构编码成<div>元素嵌套的树形结构。<div>元素可以通过子文件指针<fptr>元素直接指向内容（如果该内容在<fileSec>中得以描述）；<div>元素也可以通过子METS指针<mptr>元素指向内容（如果内容由外部METS文档描述）。<fptr>元素可以指向表现其<div>父元素的整个<file>元素，也可以指向<file>的某个部分（表现其部分的<div>）。它还可以指向多个文件或其部分，它们必须按顺序或以平行的方式排列，从而表明其结构分区。

构建某一内容对象的数字版本有很多不同的方法，这也说明METS提供的文件结构的多样性和灵活性。对于某项具体工作，如何选择最优结构，取决于多方面的因素：数字化对象的性质、数字版本的目标用户、表现类型、可用表现程序的性能等。

4.7.2　结构图的属性

ID（ID，可选）：<structMap>元素的唯一标识符，其他元素或文档可以通过该属性用IDREF或XPTR引用<structMap>元素。

TYPE（字符串型，可选）：<structMap>表现的结构类型。以纯粹逻辑结构表现的<structMap>的TYPE属性值为“logical”。以纯粹物理结构表现的<structMap>的TYPE属性值为“physical”。不过对于该属性，METS schema没有定义（也没有通用的）词表。METS应用纲要可以定义<structMap>TYPE属性的受控词表。

LABEL（字符串型，可选）：用于向METS文档的读者描述<structMap>。当一个对象拥有多个<structMap>时，LABEL属性将十分有用，它可以向读者说明每个<structMap>的用途。

4.7.3　结构图包含的元素

4.7.3.1　分区

<structMap>提供的分层组织的结构分区由<div>来表现，它可以嵌套至任意深度。<div>元素可以表示逻辑分区，也可以表示物理分区。通过TYPE属性，<div>元素能够明确分区的类型。例如在一本由<div>分成章节和页面的电子书中，各层次<div>的TYPE属性值依次为“书”、“章”和“页”。

LABEL属性值是可选的，它可以以明确方式标识<div>元素，向数字对象的用户展示。<div>的LABEL属性值的分层展示形成“目录”，用户可以用它来理解数字对象表现的内容，并在内容中导航。在METS标准的不同应用中，LABEL属性的用途也不同。

任何层次上的<div>元素都能通过DMDID属性和一个或多个<dmdSec>元素相关联。<div>元素引用的描述元数据适用于整个<div>分区。任何层次上的<div>元素也可以和<rightsMD>、<techMD>、<sourceMD>与/或<digiprovMD>元素包含的管理元数据相关联。<div>元素的关联能力能够把分区内容和控制其使用的权利元数据关联起来。例如，在METS编码的视频数字对象中，根<div>可以指向表现版权和访问权限信息的<rightsMD>。

分区包括以下属性：

ID（ID，可选）：<div>元素的唯一标识符，其他元素或文档可以通过该属性用IDREF或XPTR引用<div>元素。

TYPE（字符串型，可选）：结构分区<div>表示的结构类型。TYPE属性取值包括chapter、article、page、track、segment、section等。METS对TYPE值没有严格规定。TYPE的建议受控词表参见METS网站。

LABEL（字符串型，可选）：向METS文档的终端读者描述<div>。分层排列的<div>的LABEL值可以为读者提供METS文档表现的数字内容的目录，便于读者对于数字对象的导航。注意<div>的LABEL属性仅针对结构图的相应层次。以一本包含若干章节的书为例，全书<div>的LABEL属性是书名，章节<div>的LABEL属性是各章标题，而不是既包含书名也包含章节标题。LABEL和ORDERLABEL的区别，参见ORDERLABEL属性。

DMDID（IDREFS，可选）：包含标识<dmdSec>元素的ID属性值，<dmdSec>包含或链接到与该结构分区相关的描述元数据。

ADMID（IDREFS，可选）：包含METS文档<amdSec>中<rightsMD>、<techMD>、

<sourceMD>与/或<digiprovMD>元素的ID属性值，<amdSec>包含或链接到与该结构分区相关的管理元数据。<div>元素的ADMID属性一般可以用于标识<rightsMD>元素或适用于该<div>的元素，但在任何需要的情况下都可以用于链接<div>元素及其相关的管理元数据。

ORDER（整型，可选）：表示<div>元素在同级元素（例如绝对数字顺序）中的顺序。ORDER和ORDERLABEL属性的区别，参见ORDERLABEL属性。

ORDERLABEL（字符串型，可选）：表示<div>元素在同级元素中的顺序（如xii），可用于任何非整型原始记数系统。ORDERLABEL属性值是机器可执行的（如支持“go to page _”函数），且不能替代LABEL属性。ORDER、ORDERLABEL和LABEL的区别如下：假设一个文本的前10页是罗马数字，后10页是阿拉伯数字，则文本的第iii页的ORDER值是“3”，ORDERLABEL值是“iii”，LABEL值是“Page iii”；第3页的ORDER值是“13”，ORDERLABEL值是“3”，LABEL值是“Page 3”。

CONTENTIDS（URI，可选）：表示分区的内容ID，相当于数字项目声明语言的数字项目标识符（DIDL DII），是一个唯一的外部ID。

xlink:label（字符串型，可选）：XLink标签，可在xlink:to与/或link:from属性中被引用，与METS文档的<structLink>节中的<smlink>元素相关联。它为非层次结构的<div>元素的关联提供基础。

示例：

本例说明<div>元素的特征，包括TYPE、LABEL和DMDID属性等。

```
<?xml version="1.0" encoding="UTF-8"?>
<mets:mets xmlns:mets="http://www.loc.gov/METS/"
xmlns:mods="http://www.loc.gov/mods/v3"
xmlns:xlink="http://www.w3.org/1999/xlink"
xmlns:xsi="http://www.w3.org/2001/XMLSchema-instance"
xsi:schemaLocation="http://www.loc.gov/METS/
http://www.loc.gov/standards/mets/mets.xsd http://www.loc.gov/mods/v3
http://www.loc.gov/mods/v3/mods-3-1.xsd" OBJID="ark:/13030/kt9s2009hz"
LABEL="Martial Epigrams">
<mets:dmdSec ID="DMD1">
    <mets:mdWrap MDTYPE="MODS">
        <mets:xmlData>
            <mods:mods>
                <mods:titleInfo>
```

```
                <mods:title>Martial Epigrams</mods:title>
            </mods:titleInfo>
        </mods:mods>
    </mets:xmlData>
  </mets:mdWrap>
</mets:dmdSec>
  ...
  <mets:structMap TYPE="physical">
      <mets:div TYPE="book" LABEL="Martial Epigrams II" DMDID="DMD1">
          <mets:div TYPE="page" LABEL="Blank page"/>
          <mets:div TYPE="page" LABEL="Page i: Series title page"/>
          <mets:div TYPE="page" LABEL="Page ii: Blank page"/>
          <mets:div TYPE="page" LABEL="Page iii: Title page"/>
          <mets:div TYPE="page" LABEL="Page iv: Publication info"/>
          <mets:div TYPE="page" LABEL="Page v: Table of contents"/>
          <mets:div TYPE="page" LABEL="Page vi: Blank page"/>
          <mets:div TYPE="page" LABEL="Page 1: Half title page"/>
          <mets:div TYPE="page" LABEL="Page 2 (Latin)"/>
          <mets:div TYPE="page" LABEL="Page 3 (English)"/>
          <mets:div TYPE="page" LABEL="Page 4 (Latin)">
          <mets:div TYPE="page" LABEL="Page 5 (English)"/>
          <mets:div TYPE="page" LABEL="Page 6 (Latin)"/>
          <mets:div TYPE="page" LABEL="Page 7 (English)"/>
      </mets:div>
  </mets:structMap>
</mets:mets>
```

每个<div>元素通过其子元素指向其表现的数字内容。如果内容由一个或多个外部METS文档表示，<div>元素可以通过<mptr>元素指向；如果内容由一个或多个<fileSec>中的<file>元素表示，<div>元素通过<fptr>元素指向。<div>元素除了通过其子元素<fptr>与/或<mptr>，直接指向表现的数字内容之外，本身还可以包含<div>元素，进一步细化分区表现的内容。

4.7.3.2　文件指针

文件指针元素<fptr>表示其<div>父元素指向的数字内容。<fptr>元素表现的数字内容的组成必须是<fileSec>中的<file>元素所表现的整个文件或部分文件。<fptr>元素通过FILEID属性直接指向表现结构分区的单个<file>元素。<fptr>元素也可以控制<area>元素、<par>元素或<seq>元素，这些元素依次指向相关的文件。<area>子元素可以指向表现分区的<file>元素的一部分，<par>元素和<seq>元素可以指向多个文件或其部分，这些文件共同表现一个分区。

一个<div>元素可以和多个<fptr>元素相关联。通常同级<fptr>元素表示同一内容的不同版本或不同表现形式。例如，一篇文章的某一页可以用缩略图、参考图或主图像表示，还可以用页面内容的结构化文本表示。每一种版本都能用<fileSec>中的<file>元素表示。在<structMap>中，与该页面对应的<div>元素应该有4个<fptr>子元素，每个<fptr>子元素指向页面内容的一种表示方法。<fptr>元素还具有ID和CONTENTIDS属性。

文件指针包括以下属性：

ID（ID，可选）：<fptr>元素的唯一标识符，其他元素或文档可以通过该属性用IDREF或XPTR引用<fptr>元素。

FILEID（IDREF，可选）：为可选属性，提供标识<file>元素的XML ID，<file>元素包含或链接到<fptr>元素表示的数字内容。如果<fptr>元素没有<area>子元素、<par>子元素或<seq>子元素，就只能有一个FILEID属性值。如果<fptr>元素有子元素，<fptr>元素指向相关内容的任务就落在子元素身上。

CONTENTIDS（URI，可选）：表示分区的内容ID，相当于数字项目声明语言的数字项目标识符（DIDL DII），是一个唯一的外部ID。

示例：

本例是用<structMap>表示纯物理结构的实例。根分区表示整本书，根分区下的每个结构分区表示书的每页。每个页面分区包含3种相关的内容文件，每种内容文件代表相同内容的一种图像格式（TIFF、JPEG或GIF）。

```
<mets:mets xmlns:mets="http://www.loc.gov/METS/"
xmlns:mods="http://www.loc.gov/mods/v3"
xmlns:xlink="http://www.w3.org/1999/xlink"
xmlns:xsi="http://www.w3.org/2001/XMLSchema-instance"
xsi:schemaLocation="http://www.loc.gov/METS/
http://www.loc.gov/standards/mets/mets.xsd http://www.loc.gov/mods/v3
http://www.loc.gov/mods/v3/mods-3-1.xsd" OBJID="ark:/13030/kt9s2009hz"
LABEL="Martial Epigrams II">
    <mets:fileSec>
        <mets:fileGrp USE="MASTER IMAGE">
```

```
        <mets:file ID="epi01m" MIMETYPE="image/tiff">
            <mets:FLocat
            xlink:href="http://www.loc.gov/standards/mets/docgroup/full01.tif" LOCTYPE="URL"/>
        </mets:file>
        <mets:file ID="epi02m" MIMETYPE="image/tiff">
            <mets:FLocat
            xlink:href="http://www.loc.gov/standards/mets/docgroup/full/02.tif" LOCTYPE="URL"/>
        </mets:file>
        <mets:file ID="epi03m" MIMETYPE="image/tiff">
            <mets:FLocat
            xlink:href="http://www.loc.gov/standards/mets/docgroup/full/03.tif" LOCTYPE="URL"/>
        </mets:file>
        <mets:file ID="epi04m" MIMETYPE="image/tiff">
            <mets:FLocat
            xlink:href="http://www.loc.gov/standards/mets/docgroup/full/04.tif" LOCTYPE="URL"/>
        </mets:file>
        ...
    </mets:fileGrp>
    <mets:fileGrp USE="REFERENCE IMAGE">
        <mets:file ID="epi01r" MIMETYPE="image/jpeg">
        <mets:FLocat
        xlink:href="http://www.loc.gov/standards/mets/docgroup/jpg/01.jpg" LOCTYPE="URL"/>
        </mets:file>
        <mets:file ID="epi02r" MIMETYPE="image/jpeg">
            <mets:FLocat
            xlink:href="http://www.loc.gov/standards/mets/docgroup/jpg/02.jpg"
            LOCTYPE="URL"/>
        </mets:file>
        <mets:file ID="epi03r" MIMETYPE="image/jpeg">
            <mets:FLocat
            xlink:href="http://www.loc.gov/standards/mets/docgroup/jpg/03.jpg"
            LOCTYPE="URL"/>
```

```
            </mets:file>
            <mets:file ID="epi04r" MIMETYPE="image/jpeg">
                <mets:FLocat
                xlink:href="http://www.loc.gov/standards/mets/docgroup/jpg/04.jpg"
                LOCTYPE="URL"/>
            </mets:file>
            ...
        </mets:fileGrp>
        <mets:fileGrp USE="THUMBNAIL IMAGE">
            <mets:file ID="epi01t" MIMETYPE="image/gif">
                <mets:FLocat
                xlink:href="http://www.loc.gov/standards/mets/docgroup/gif/01.gif" LOCTYPE="URL"/>
            </mets:file>
            <mets:file ID="epi02t" MIMETYPE="image/gif">
            <mets:FLocat
            xlink:href="http://www.loc.gov/standards/mets/docgroup/gif/02.gif" LOCTYPE="URL"/>
            </mets:file>
            <mets:file ID="epi03t" MIMETYPE="image/gif">
                <mets:FLocat
                xlink:href="http://www.loc.gov/standards/mets/docgroup/gif/03.gif" LOCTYPE="URL"/>
            </mets:file>
            <mets:file ID="epi04t" MIMETYPE="image/gif">
                <mets:FLocat
                xlink:href="http://www.loc.gov/standards/mets/docgroup/gif/04.gif" LOCTYPE="URL"/>
            </mets:file>
            ...
        </mets:fileGrp>
    </mets:fileSec>
    <mets:structMap TYPE="physical">
        <mets:div TYPE="book" LABEL="Martial Epigrams II" DMDID="DMD1">
            <mets:div TYPE="page" LABEL="Blank page">
                <mets:fptr FILEID="epi01m"/>
```

```xml
                <mets:fptr FILEID="epi01r"/>
                <mets:fptr FILEID="epi01t"/>
            </mets:div>
            <mets:div TYPE="page" LABEL="Page i: Half title page">
                <mets:fptr FILEID="epi02m"/>
                <mets:fptr FILEID="epi02r"/>
                <mets:fptr FILEID="epi02t"/>
            </mets:div>
            <mets:div TYPE="page" LABEL="Page ii: Blank page">
                <mets:fptr FILEID="epi03m"/>
                <mets:fptr FILEID="epi03r"/>
                <mets:fptr FILEID="epi03t"/>
            </mets:div>
            <mets:div TYPE="page" LABEL="Page iii: Title page">
                <mets:fptr FILEID="epi04m"/>
                <mets:fptr FILEID="epi04r"/>
                <mets:fptr FILEID="epi04t"/>
            </mets:div>
            ...
        </mets:div>
    </mets:structMap>
</mets:mets>
```

4. 7. 3. 3　METS指针

METS指针元素<mptr>和<fptr>类似，表示其<div>父元素表现的数字内容。<fptr>直接或间接指向METS文档的<fileSec>中的内容，而<mptr>则指向外部METS文档表示的内容。因此，<mptr>元素能够用一个METS文档，将多个零散或独立的METS文档在更高的级别上组织起来。例如，表示某种期刊各卷期的METS文档，可以被更高级别的METS文档组织起来，形成整个期刊。表示整个期刊的METS文档的<structMap>，通过<mptr>子元素，其每个<div>元素指向一个表示某一期的METS文档。通过处理<structMap>的层次深度，<mptr>元素为METS用户提供了很大的灵活性。

<mptr>元素通过xlink:herf属性和相关的XLink属性指向外部METS文档。<Flocat>元素也可以用同一机制把<file>元素和内容文件相关联。

METS指针包括以下属性：

ID（ID，可选）：<FLocat>元素的唯一标识符，其他元素或文档可以通过该属性用IDREF或XPTR引用<FLocat>元素。

LOCTYPE（字符串型，必备）：说明定位器类型，用于xlink:href属性，其有效值为ARK、URN、URL、PURL、HANDLE、DOI、OTHER。

OTHERLOCTYPE（字符串型，可选）：当LOCTYPE属性值为“OTHER”时，该属性用于说明指针类型。该属性非必备，但在LOCTYPE属性值为“OTHER”时，建议使用该属性。

CONTENTIDS（URI，可选）：表示<mptr>类型表现的内容ID。

xlink:href（URI，可选）：提供内容文件的URI，表明父文件表现的内容文件的位置。只要<FLocat>有意义或需要使用，xlink:href就必须存在。该属性被定义为xlink:simpleLink属性组的一部分。

xlink:role（URI，可选）：起语义的作用。该属性如果存在，将明确资源的URI，该资源描述xlin:href链接的作用和功能。该属性是xlink:simpleLink属性组的一部分。根据IETF RFC 2396的定义，该属性必须是URI引用，其URI部分必须是绝对形式，除非使用的URI scheme允许使用绝对和相对形式。

xlink:arcrole（URI，可选）：如存在，将起语义的作用，用于明确资源的URI，该资源描述相关弧或指向远程资源的指针。和simpleLink相比，该属性在arcLink中使用更多，但该属性被定义为xlink:simpleLink属性组的一部分。根据IETF RFC 2396的定义，该属性必须是URI引用，其URI部分必须是绝对形式，除非使用的URI scheme允许使用绝对和相对形式。

xlink:title（字符串型，可选）：以可读的方式描述某个链接或资源的意义，起语义的作用。

xlink:show（字符串型，可选）：在simpleLink中表示遍历simpleLink远程终端资源的行为意向。可取值如下：new、replace、embed、other、none。

xlink:actuate（字符串型，可选）：在simpleLink中表示遍历simpleLink远程终端资源的行为意向。可取值如下：onLoad、onRequest、other、none。

示例：

本例是两卷本的书，每卷用一个独立的METS文档表示。使用<mptr>元素，把两个METS文档组织成一个METS文档。

```
<mets:mets xmlns:mets="http://www.loc.gov/METS/"
xmlns:mods="http://www.loc.gov/mods/v3"
xmlns:xlink="http://www.w3.org/1999/xlink"
xmlns:xsi="http://www.w3.org/2001/XMLSchema-instance"
```

```
xsi:schemaLocation="http://www.loc.gov/METS/
http://www.loc.gov/standards/mets/mets.xsd http://www.loc.gov/mods/v3
http://www.loc.gov/mods/v3/mods-3-1.xsd" OBJID="ark:/13030/kt9s2009hz"
LABEL="Martial Epigrams I & II">
    <mets:dmdSec ID="DMD1">
        <mets:mdWrap MDTYPE="MODS">
            <mets:xmlData>
                <mods:mods>
                    <mods:titleInfo>
                        <mods:title>Epigrams / Martial ; with an English translation by Walter C.A.
                        Ker</mods:title>
                    </mods:titleInfo>
                    <mods:physicalDescription>
                        <mods:extent>2 v. ; 17 cm</mods:extent>
                    </mods:physicalDescription>
                </mods:mods>
            </mets:xmlData>
        </mets:mdWrap>
    </mets:dmdSec>
    <mets:structMap TYPE="physical">
        <mets:div TYPE="multivolume book" LABEL="Martial Epigrams I & II" DMDID= "DMD1">
            <mets:div TYPE="volume" LABEL="Volume I">
                <mets:mptr LOCTYPE="URL"
                xlink:href="http://www.loc.gov/standards/mets/documentation/MatrialEpigrams.xml"/>
            </mets:div>
            <mets:div TYPE="volume" LABEL="Volume II">
                <mets:mptr LOCTYPE="URL"
                xlink:href="http://www.loc.gov/standards/mets/documentation/MatialEpigramsII.xml"/>
            </mets:div>
        </mets:div>
    </mets:structMap>
</mets:mets>
```

4.7.3.4 域

域元素<area>通常指向<fileSec>中<file>元素表现的文件某个部分或区域的内容。某些情况下，<area>元素也可以指向整个文件表现的内容。

当<file>的某个部分（而非整个<file>）表现<fptr>元素表示的数字内容时，单个<area>元素一般作为<fptr>的直接子元素出现。在这种情况下，<area>元素通过其FILEID属性来标识相关的<file>，并通过SHAPE和COORDS属性（数字内容为图像时），或BETYPE、BEGIN、END、EXTTYPE和EXTENT属性的组合（数字内容为文本、音视频时），来明确文件的相关区域。

当多个文件或其部分表示<fptr>表现的数字内容时，多个<area>元素作为<par>元素或<seq>元素的直接子元素出现。<par>和<seq>元素将多个文件或其部分分组，它们必须平行或顺序排列，表现<fptr>父元素表示的数字内容。在这些情况下，每一个独立文件或其片段均由<area>子元素表示。当<area>作为<fptr>的直接子元素时，<area>通常仅指向整个文件的某个区域或片段。当<area>在<par>或<seq>元素中使用时，<area>可以根据需要，指向整个文件或其片段。

域元素包括以下属性：

<u>ID（ID，可选）</u>：<area>元素的唯一标识符，其他元素或文档可以通过该属性用IDREF或XPTR引用<area>元素。

<u>FILEID（IDREF，必备）</u>：提供XML ID值，用于识别<fileSec>中的<file>元素，指向与/或包含<area>元素表现的数字内容。该属性必须包含表现为ID属性的ID值，与同一METS文档的<fileSec>中的<file>元素相关联。

<u>SHAPE（字符串型，可选）</u>：类似于在HTML中的用法，用来定义<area>元素指向的内容文件区域的形状。通常该属性和图像内容（静态图像或视频帧）一起使用，仅涉及某个图像文件的一部分。SHAPE属性一经指定，就必须有COORDS属性。SHAPE应该和COORDS属性一起，以HTML4的<area>元素对于形状和坐标定义的方式使用。SHAPE的取值如下：RECT、CIRCLE、POLY。

<u>COORDS（字符串型，可选）</u>：为影像地图的SHAPE属性指明的相关区域指定坐标。尽管SHAPE和COORDS非必备，但是SHAPE和COORDS属性必须同时出现，定义图像内容的相关区域。SHAPE应该和COORDS属性一起，以HTML4的<area>元素对于形状和坐标定义的方式使用。COORDS在表示影像地图的坐标时，必须是整数值对，以逗号分隔（如果是圆形，加上半径）。坐标的数量取决于区域的形状：RECT（矩形）：x1, y1, x2, y2；CIRC（圆形）：x1, y1；POLY（多边形）：x1, y1, x2, y2, x3, y3 ……

<u>BEGIN（字符串型，可选）</u>：用于指明内容文件中相关部分的起点。BEGIN属性可以和

END属性或EXTENT属性一起使用，用于精确定义文件的相关区域。只有和BETYPE（表示起点/终点的取值类型）或EXTTYPE（表示起点/范围的取值类型）一起使用，BEGIN属性才有意义。BEGIN可以和END或EXTTYPE元素一起使用，也可以单独使用。内容文件END的默认值是终点。

END（字符串型，可选）：用于指明内容文件中相关部分的终点。只有和BETYPE（表示起点/终点的取值类型）属性一起使用，END属性才有意义。END属性通常和BEGIN属性一起使用。

BETYPE（字符串型，可选）：表示起点与/或终点的取值类型。如果取值类型是“BYTE”，起点和终点值即文件的字节偏移量。如果取值类型是“IDREF”，则BEGIN元素可指定ID值，该ID在结构化文本文件中标识文件部分的开始元素；END值（如果存在）指定的ID值即标识文件相关部分中的结束元素。BETYPE取值如下：BYTE、IDREF、SMIL、MIDI、SMPTE-25、SMPTE-24、SMPTE-DF30、SMPTE-NDF30、SMPTE-DF29.97、SMPTE-NDF29.97、TIME、TCF。

EXTENT（字符串型，可选）：用于指明内容文件相关部分的范围。只有和EXTTYPE（表示取值类型）一起使用，EXTENT才有意义。EXTENT属性通常和BEGIN元素一起使用。当BEGIN点是“IDREF”时，不使用EXTTYPE属性。

EXTTYPE（字符串型，可选）：表示使用的EXTENT的取值类型。如果取值类型是“BYTE”，EXTENT表示字节数。如果取值类型是“TIME”，EXTENT表示持续时间。EXTENT取值如下：BYTE、SMIL、MIDI、SMPTE-25、SMPTE-24、SMPTE-DF30、SMPTE-NDF30、SMPTE-DF29.97、SMPTE-NDF29.97、TIME、TCF。

ADMID（IDREFS，可选）：包含METS文档<amdSec>中<rightsMD>、<techMD>、<sourceMD>与/或<digiprovMD>元素的ID属性值，<amdSec>包含或链接到与该结构分区相关的管理元数据。<area>元素的ADMID属性一般可以用于标识<rightsMD>元素或适用于该<area>的元素，但在任何需要的情况下都可以用于链接<area>元素及其相关的管理元数据。

CONTENTIDS（URI，可选）：表示<mptr>的内容ID，相当于数字项目声明语言的数字项目标识符（DIDL DII），是一个唯一的外部ID。

示例：

本例使用<area>元素描述图像文件的独立特定区域（被相关的FILEID属性引用），既说明<area>元素作为<fptr>元素的直接子元素的使用，又说明<area>元素作为<seq>元素的直接子元素的使用。前一例子，引用图像的指定区域表现自己的父分区。后一例子，两幅不同图像的特定区域必须按顺序显示，才能完整表现父分区。

```
<?xml version="1.0" encoding="UTF-8"?>
<mets:mets xmlns:mets="http://www.loc.gov/METS/"
xmlns:xlink="http://www.w3.org/1999/xlink"
xmlns:xsi="http://www.w3.org/2001/XMLSchema-instance"
xsi:schemaLocation="http://www.loc.gov/METS/
http://www.loc.gov/standards/mets/mets.xsd" OBJID="ark:/13030/kt9s2009hz"
LABEL="Martial Epigrams">
	<mets:fileSec>
		<mets:fileGrp USE="REFERENCE IMAGE">
			<mets:file ID="epi09r" MIMETYPE="image/jpeg">
				<mets:FLocat
				xlink:href="http://www.loc.gov/standards/mets/docgroup/jpg/09.jpg"
				LOCTYPE="URL"/>
			</mets:file>
			<mets:file ID="epi11r" MIMETYPE="image/jpeg">
				<mets:FLocat
				xlink:href="http://www.loc.gov/standards/mets/docgroup/jpg/11.jpg"
				LOCTYPE="URL"/>
			</mets:file>
			<mets:file ID="epi13r" MIMETYPE="image/jpeg">
				<mets:FLocat
				xlink:href="http://www.loc.gov/standards/mets/docgroup/jpeg/13.jpg"
				LOCTYPE="URL"/>
			</mets:file>
		</mets:fileGrp>
	</mets:fileSec>
	<mets:structMap TYPE="logical">
		<mets:div TYPE="volume" LABEL="Martial Epigrams II">
			<mets:div TYPE="section" LABEL="Book VIII">
				<mets:div TYPE="introduction" LABEL="Introduction: Latin">
					<mets:fptr>
						<mets:seq>
```

```
<mets:area FILEID="epi09r" SHAPE="RECT"
COORDS="0,1150,2500,3150"/>
<mets:area FILEID="epi11r" SHAPE="RECT"
COORDS=" 0,600, 2500,900"/>
</mets:seq>
</mets:fptr>
</mets:div>
<mets:div TYPE="epigram" LABEL="Epigram I: Latin">
<mets:fptr>
<mets:area FILEID="epi11r" SHAPE="RECT"
COORDS="0,1000,2500,1500"/>
</mets:fptr>
</mets:div>
<mets:div TYPE="epigram" LABEL="Epigram II: Latin">
<mets:fptr>
<mets:area FILEID="epi11r" SHAPE="RECT"
COORDS="0,1500,2500,2350"/>
</mets:fptr>
</mets:div>
<mets:div TYPE="epigram" LABEL="Epigram III: Latin">
<mets:fptr>
<mets:seq>
<mets:area FILEID="epi11r" SHAPE="RECT"
COORDS= "0,2350, 2500,3050"/>
<mets:area FILEID="epi13r" SHAPE="RECT"
COORDS= "0,500,2500,2100"/>
</mets:seq>
</mets:fptr>
</mets:div>
<mets:div TYPE="epigram" LABEL="Epigram IV: Latin">
<mets:fptr>
<mets:area FILEID="epi13r" SHAPE="RECT"
```

```
                    COORDS="0,2100,2500,2700"/>
                </mets:fptr>
            </mets:div>
        </mets:div>
    </mets:div>
</mets:structMap>
</mets:mets>
```

4.7.3.5 文件顺序

文件顺序元素<seq>是指针的集合，这些指针指向文件、文件部分、文件或其部分的平行组合，它们必须按顺序播放或显示，从而表现一块数字内容。例如，<div>父元素表现某个逻辑分区（比如日志），逻辑分区涵盖日志的多个页面以及多个页面的图像文件。<seq>元素集合了多个顺序排列的<area>元素，分别指向一个顺序排列的图像文件，从而表现整个日志。如果日志从页面中间开始，第一个<area>元素（表示日志开始的页面）需要通过SHAPE和COORDS属性，指定它表示的图像文件的相关区域。

文件顺序元素包括以下属性：

ID（ID，可选）：<seq>元素的唯一标识符，其他元素或文档可以通过该属性用IDREF或XPTR引用<seq>元素。

示例：

本例说明<structMap>提供的数字内容的逻辑结构如何由<seq>元素支持。该结构组织独立于模拟资源的实体结构。<structMap>将*Epigrams*的第八章分为拉丁文和英文两个版本，均由组成该版本的文件顺序表现。

```
<mets:mets xmlns:mets="http://www.loc.gov/METS/"
xmlns:mods="http://www.loc.gov/mods/v3"
xmlns:xlink="http://www.w3.org/1999/xlink"
xmlns:xsi="http://www.w3.org/2001/XMLSchema-instance"
xsi:schemaLocation="http://www.loc.gov/METS/
http://www.loc.gov/standards/mets/mets.xsd http://www.loc.gov/mods/v3
http://www.loc.gov/mods/v3/mods-3-1.xsd" OBJID="ark:/13030/kt9s2009hz"
LABEL="Martial Epigrams">
    <mets:fileSec>
        <mets:fileGrp USE="REFERENCE IMAGE">
            <mets:file ID="epi09r" MIMETYPE="image/jpeg">
```

```
            <mets:FLocat
            xlink:href="http://www.loc.gov/standards/mets/docgroup/jpg/09.jpg"
            LOCTYPE="URL"/>
        </mets:file>
        <mets:file ID="epi10r" MIMETYPE="image/jpeg">
            <mets:FLocat
            xlink:href="http://www.loc.gov/standards/mets/docgroup/jpg/10/jpg"
            LOCTYPE="URL"/>
        </mets:file>
        <mets:file ID="epi11r" MIMETYPE="image/jpeg">
            <mets:FLocat
            xlink:href="http://www.loc.gov/standards/mets/docgroup/jpg/11.jpg"
            LOCTYPE="URL"/>
        </mets:file>
        <mets:file ID="epi12r" MIMETYPE="image/jpeg">
            <mets:FLocat
            xlink:href="http://www.loc.gov/standards/mets/docgroup/jpg/12.jpg"
            LOCTYPE="URL"/>
        </mets:file>
        <mets:file ID="epi13r" MIMETYPE="image/jpeg">
            <mets:FLocat
            xlink:href="http://www.loc.gov/standards/mets/docgroup/jpg/13.jpg"
            LOCTYPE="URL"/>
        </mets:file>
        <mets:file ID="epi14r" MIMETYPE="image/jpeg">
            <mets:FLocat
            xlink:href="http://www.loc.gov/standards/mets/docgroup/jpg/14.jpg"
            "LOCTYPE="URL"/>
        </mets:file>
        ...
    </mets:fileGrp>
</mets:fileSec>
```

```
<mets:structMap TYPE="logical">
    <mets:div TYPE="volume" LABEL="Martial Epigrams II">
        <mets:div TYPE="section" LABEL="Book VIII">
            <mets:div TYPE="subsection" LABEL="Latin version">
                <mets:fptr>
                    <mets:seq>
                        <mets:area FILEID="epi09r"/>
                        <mets:area FILEID="epi11r"/>
                        <mets:area FILEID="epi13r"/>
                        ...
                    </mets:seq>
                </mets:fptr>
            </mets:div>
            <mets:div TYPE="subsection" LABEL="English version">
                <mets:fptr>
                    <mets:seq>
                        <mets:area FILEID="epi10r"/>
                        <mets:area FILEID="epi12r"/>
                        <mets:area FILEID="epi14r"/>
                        ...
                    </mets:seq>
                </mets:fptr>
            </mets:div>
        </mets:div>
    </mets:div>
</mets:structMap>
</mets:mets>
```

当多个顺序排列的文件或其部分必须同时播放/显示，来表现控制<fptr>元素的内容时，多个<seq>元素应出现在一个<par>元素下。这种情况的完整描述，参见<par>元素。

4.7.3.6 平行文件

平行文件元素<par>是指针的集合，这些指针指向文件、文件部分、文件或其部分的平行组合，它们必须按顺序播放或显示，从而表现由<fptr>表示的一块数字内容。

以多媒体内容文件为例，如配有讲解音轨的静态图像，一个<par>元素集合两个<area>元素，一个<area>元素指向图像文件，另一个指向音频文件（必须配合图像同步播放）。如果只有部分图像相关，与图像相关的<area>元素需要通过SHAPE和COORDS属性进一步描述。如果只有部分音频相关，与音频相关的<area>元素则需要通过BETYPE、BEGIN、EXTTYPE和EXTENT属性进一步描述。

平行文件元素包括以下属性：

ID（ID，可选）：<par>元素的唯一标识符，其他元素或文档可以通过该属性用IDREF或XPTR引用<par>元素。

示例1：

本例的<structMap>采用<par>元素，重现原书的体验和意图。原书中，一页拉丁文原文和对应的一页英文翻译同时出现。<par>元素将两种语言成对出现的图像集合在一起，达到重现原书的目的。

```
<mets:mets xmlns:mets="http://www.loc.gov/METS/"
xmlns:mods="http://www.loc.gov/mods/v3"
xmlns:xlink="http://www.w3.org/1999/xlink"
xmlns:xsi="http://www.w3.org/2001/XMLSchema-instance"
xsi:schemaLocation="http://www.loc.gov/METS/
http://www.loc.gov/standards/mets/mets.xsd http://www.loc.gov/mods/v3
http://www.loc.gov/mods/v3/mods-3-1.xsd" OBJID="ark:/13030/kt9s2009hz"
LABEL="Martial Epigrams">
    <mets:fileSec>
        <mets:fileGrp USE="REFERENCE IMAGE">
            <mets:file ID="epi09r" MIMETYPE="image/jpeg">
                <mets:FLocat
                xlink:href="http://www.loc.gov/standards/mets/docgroup/jpg/09/jpg"
                LOCTYPE="URL"/>
            </mets:file>
            <mets:file ID="epi10r" MIMETYPE="image/jpeg">
                <mets:FLocat
                xlink:href="http://www.loc.gov/standards/mets/docgroup/jpg/10.jpg"
                LOCTYPE="URL"/>
            </mets:file>
```

```
            <mets:file ID="epi11r" MIMETYPE="image/jpeg">
                <mets:FLocat
                xlink:href="http://www.loc.gov/standards/mets/docgroup/jpg/11.jpg"
                LOCTYPE="URL"/>
            </mets:file>
            <mets:file ID="epi12r" MIMETYPE="image/jpeg">
                <mets:FLocat
                xlink:href="http://www.loc.gov/standards/mets/docgroup/jpg/12.jpg"
                LOCTYPE="URL"/>
            </mets:file>
            <mets:file ID="epi13r" MIMETYPE="image/jpeg">
                <mets:FLocat
                xlink:href="http://www.loc.gov/standards/mets/docgroup/jpg/13.jpg"
                "LOCTYPE="URL"/>
            </mets:file>
            <mets:file ID="epi14r" MIMETYPE="image/jpeg">
                <mets:FLocat
                xlink:href="http://www.loc.gov/standards/mets/docgroup/jpg/14.jpg"
                LOCTYPE="URL"/>
            </mets:file>
            ...
        </mets:fileGrp>
    </mets:fileSec>
    <mets:structMap TYPE="logical">
        <mets:div TYPE="volume" LABEL="Martial Epigrams II">
            <mets:div TYPE="section" LABEL="Book VIII">
                <mets:div TYPE="paired pages" LABEL="page 1: Latin & English">
                    <mets:fptr>
                        <mets:par>
                            <mets:area FILEID="epi09r"/>
                            <mets:area FILEID="epi10r"/>
                        </mets:par>
```

```
                </mets:fptr>
            </mets:div>
            <mets:div TYPE="paired pages" LABEL="page 2: Latin & English">
                <mets:fptr>
                    <mets:par>
                        <mets:area FILEID="epi11r"/>
                        <mets:area FILEID="epi12r"/>
                    </mets:par>
                </mets:fptr>
            </mets:div>
            <mets:div TYPE="paired pages" LABEL="page 3: Latin & English">
                <mets:fptr>
                    <mets:par>
                        <mets:area FILEID="epi13r"/>
                        <mets:area FILEID="epi14r"/>
                    </mets:par>
                </mets:fptr>
            </mets:div>
            ...
        </mets:div>
    </mets:div>
  </mets:structMap>
</mets:mets>
```

<par>元素也可以集合<seq>元素，表现文件或其部分的顺序，它们必须同时播放或显示，来表现<fptr>表示的内容。例如，某个比特流需要和其他流同时播放，但由于比特流太大（如高品质的多声道音频或视频），因而不能适合于单个文件。此时可以使用<seq>子元素，每一序列文件按其播放顺序分别标识组成特定比特流的文件。

<area>和<seq>可以是子单元，但不能在同一个<par>元素下同时直接使用。一个<par>只能包含一组<area>元素或一组<seq>元素。如果<par>元素将<seq>元素集合在一起，<seq>元素本身会集合指向相关文件或其部分的<area>元素。

本例说明<par>元素下的<seq>元素的使用。<structMap>将拉丁文和英文版本平行展示。拉丁文和英文版本在原书中以单页显示，在电子版中以单独的图像文件集形式存在。

<structMap>把电子版按逻辑结构排列，其分区由单个引用图像文件的部分表示。对于包含两个分区（“Introduction”和“Book VIII, Epigram III”）的情况，相关部分涵盖两个图像文件。因而两个图像文件的相关区域应该顺序排列，表现其分区；两个不同序列之间应该平行排列，同时表现拉丁文和英文两个版本。

示例2：

```
<mets:mets xmlns:mets="http://www.loc.gov/METS/"
xmlns:xlink="http://www.w3.org/1999/xlink"
xmlns:xsi="http://www.w3.org/2001/XMLSchema-instance"
xsi:schemaLocation="http://www.loc.gov/METS/
http://www.loc.gov/standards/mets/mets.xsd" OBJID="ark:/13030/kt9s2009hz"
LABEL="Martial Epigrams">
    <mets:fileSec>
        <mets:fileGrp USE="REFERENCE IMAGE">
            <mets:file ID="epi09r" MIMETYPE="image/jpeg">
                <mets:FLocat
                xlink:href="http://www.loc.gov/standards/mets/docgroup/jpg/09.jpg"
                LOCTYPE="URL"/>
            </mets:file>
            <mets:file ID="epi10r" MIMETYPE="image/jpeg">
                <mets:FLocat
                xlink:href="http://www.loc.gov/standards.mets/docgroup/jpg/10.jpg"
                LOCTYPE="URL"/>
            </mets:file>
            <mets:file ID="epi11r" MIMETYPE="image/jpeg">
                <mets:FLocat
                xlink:href="http://www.loc.gov/standards/mets/docgroup/jpg/11.jpg"
                "LOCTYPE="URL"/>
            </mets:file>
            <mets:file ID="epi12r" MIMETYPE="image/jpeg">
                <mets:FLocat
                xlink:href="http://www.loc.gov/standards/mets/docgroup/jpg/12.jpg"
                LOCTYPE="URL"/>
```

```
            </mets:file>
            <mets:file ID="epi13r" MIMETYPE="image/jpeg">
                <mets:FLocat
                xlink:href="http://www.loc.gov/standards/mets/docgroup/jpg/13.jpg"
                LOCTYPE="URL"/>
            </mets:file>
            <mets:file ID="epi14r" MIMETYPE="image/jpeg">
                <mets:FLocat
                xlink:href="http://www.loc.gov/standards/mets/docgroup/jpg/14.jpg"
                "LOCTYPE="URL"/>
            </mets:file>
        </mets:fileGrp>
    </mets:fileSec>
    <mets:structMap TYPE="logical">
        <mets:div TYPE="volume" LABEL="Martial Epigrams II">
            <mets:div TYPE="section" LABEL="Book VIII">
                <mets:div TYPE="epigram" LABEL="Introduction: Latin & English">
                    <mets:fptr>
                        <mets:par>
                            <mets:seq>
                                <mets:area FILEID="epi09r" SHAPE="RECT"
                                COORDS="0,1150,2500,3150"/>
                                <mets:area FILEID="epi11r" SHAPE="RECT"
                                COORDS="0,600,2500,900"/>
                            </mets:seq>
                            <mets:seq>
                                <mets:area FILEID="epi10r" SHAPE="RECT"
                                COORDS="0,1100,2500,3300"/>
                                <mets:area FILEID="epi12r" SHAPE="RECT"
                                COORDS="0,650,2500,950"/>
                            </mets:seq>
                        </mets:par>
```

```
            </mets:fptr>
        </mets:div>
        <mets:div TYPE="epigram" LABEL="Epigram I: Latin & English">
            <mets:fptr>
                <mets:par>
                    <mets:area FILEID="epi11r" SHAPE="RECT"
                    COORDS= "0,1000,2500,1500"/>
                    <mets:area FILEID="epi12r" SHAPE="RECT"
                    COORDS= "0,950,2500,1600"/>
                </mets:par>
            </mets:fptr>
        </mets:div>
        <mets:div TYPE="epigram" LABEL="Epigram II: Latin & English">
            <mets:fptr>
                <mets:par>
                    <mets:area FILEID="epi11r" SHAPE="RECT"
                    COORDS= "0,1500,2500,2350"/>
                    <mets:area FILEID="epi12r" SHAPE="RECT"
                    COORDS= "0,1600,2500,2350"/>
                </mets:par>
            </mets:fptr>
        </mets:div>
        <mets:div TYPE="epigram" LABEL="Epigram III: Latin & English">
            <mets:fptr>
                <mets:par>
                    <mets:seq>
                        <mets:area FILEID="epi11r" SHAPE="RECT"
                        COORDS ="0,2350,2500,3050"/>
                        <mets:area FILEID="epi13r" SHAPE="RECT"
                        COORDS ="0,500,2500,2100"/>
                    </mets:seq>
                    <mets:seq>
```

```
                        <mets:area FILEID="epi12r" SHAPE="RECT"
                        COORDS ="0,2350,2500,3050"/>
                        <mets:area FILEID="epi14r" SHAPE="RECT"
                        COORDS ="0,600,2500,2100"/>
                    </mets:seq>
                </mets:par>
            </mets:fptr>
        </mets:div>
        <mets:div TYPE="epigram" LABEL="Epigram IV: Latin & English">
            <mets:fptr>
                <mets:par>
                    <mets:area FILEID="epi13r" SHAPE="RECT"
                    COORDS= "0,2100,2500,2700"/>
                    <mets:area FILEID="epi14r" SHAPE="RECT"
                    COORDS= "0,2100,2500,2700"/>
                </mets:par>
            </mets:fptr>
        </mets:div>
    </mets:div>
  </mets:div>
 </mets:structMap>
</mets:mets>
```

4.8 结构链接（structural link）

4.8.1 概述

结构链接节元素<structLink>用于在结构图描述的METS结构的不同部分之间建立超链接，其结构如图8所示。该元素包含单独的、可重复的<smLink>元素，<smLink>元素表示结构图中两个节点的超链接。METS文档的<structLink>通过其XML ID属性被标识。

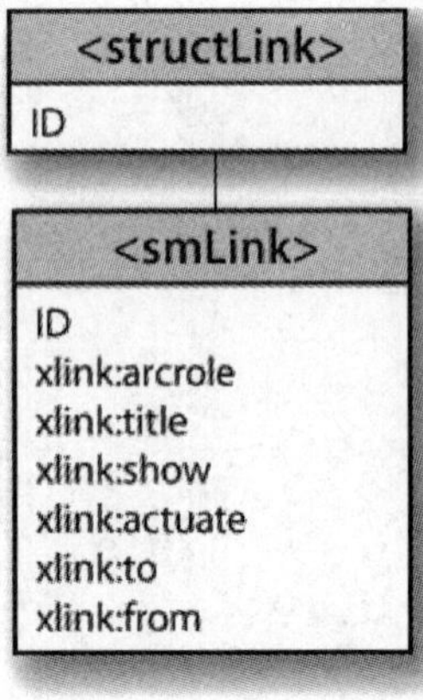

图 8　结构链接节

4.8.2 结构链接属性

ID（ID，可选）：<structLink>元素的唯一标识符，其他元素或文档可以通过该属性用IDREF或XPTR引用<structLink>元素。

4.8.3 结构图链接元素<smLink>

结构链接节中包含结构图链接元素<smLink>。<smLink>元素表示结构图中两个节点之间的超链接。如果希望在METS记录链接，可以使用<smLink>元素记录网页之间的超链接。<smLink>元素有9个属性。

<smLink>元素是一个空元素。<smLink>元素指向的位置必须存储在xlink:href属性中。

结构图链接元素包括以下属性：

ID（ID，可选）：<smLink>元素的唯一标识符，其他元素或文档可以通过该属性用IDREF或XPTR引用<smLink>元素。

xlink:arcrole（URI，可选）：如存在，将起语义的作用，用于明确资源的URI，该资源描述相关弧或指向远程资源的指针。和simpleLink相比，该属性在arcLink中使用更多，但该属性被定义为xlink:simpleLink属性组的一部分。根据IETF RFC 2396的定义，该属性必须是URI引用，其URI部分必须是绝对形式，除非使用的URI scheme允许使用绝对和相对形式。

xlink:title（字符串型，可选）：以可读的方式描述某个链接或资源的意义，起语义的作用。它是xlink:simpleLink属性组的一部分。

xlink:show（字符串型，可选）：可取值如下：new、replace、embed、other、none。该属性用于明确行为，在simpleLink中表示遍历simpleLink远程终端资源的行为意向。该属性通常用于表示浏览器是应该在新窗口中显示资源文件，还是应该替换现有窗口等情况。

xlink:actuate（字符串型，可选）：可取值如下：onLoad、onRequest、other、none。该属性非必备，用于明确行为，在simpleLink中表示遍历simpleLink远程终端资源的行为意向。

xlink:to（字符串型，可选）：为必备属性。它通过引用<div>元素的xlink:label属性值，表示<smLink>元素定义的链接目标节点的<div>元素。

xlink:from（字符串型，可选）：通过引用<div>元素的xlink:label属性值，表示<smLink>元素定义的链接源节点的<div>元素。

示例1：

在本例中，一个网页的METS文档包含的图像链接到另一个网页。<structMap>元素可以包含如下的<div>标记：

```
<mets:div ID="P1" TYPE="page" LABEL="Page 1">
    <mets:fptr FILEID="HTMLF1"/>
    <mets:div xlink:label="IMG1" TYPE="image" LABEL="Image Hyperlink to Page 2">
        <mets:fptr FILEID="JPGF1"/>
    </mets:div>
    <mets:div xlink:label="P2" TYPE="page" LABEL="Page 2">
```

```
<mets:fptr FILEID="HTMLF2"/>
</mets:div>
```

如果第一个网页的图像文件链接到第二个网页的HTML文件，<smLink>元素的使用如下：

```
<mets:structLink>
    <mets:smLink xlink:from="IMG1" xlink:to="P2" xlink:title="Hyperlink from JPEG Image on Page 1 to
    Page 2" xlink:show="new"
    xlink:actuate="onRequest"/>
</mets:structLink>
```

示例2：

本例中，一个完整的METS文档描述某个网站，某些网页用<structLink>元素指向网站结构图的特定区域。在以下的片段描述网站的一页，包括<fileSec>、<structMap>的相关部分以及与网页相关的<smLink>元素。

"Projects"网页（第1145页）链接到网站<structMap>中的以下网页：

· Officers（36号链接）链接到第113页

· Calendar（37号链接）链接到第120页

同时，其他网页也有链接到"Projects"网页（第1145页）的链接，例如：

· 7号链接

· 13号链接

从另一个角度来看：

从参考指向 Projects， 7 号链接，第 113 页，指向 ->	第 1145 页 包含参考指向 ->	Officers（36 号链接） 第 113 页
从参考指向 Projects， 13 号链接，第 120 页，指向 ->	第 1145 页 包含参考指向 ->	Calendar（37 号链接） 第 120 页

以下片段说明这些链接如何实现：

```
<mets:fileSec>
    <mets:fileGrp>
        <mets:file ID="FID1145" MIMETYPE="text/html">
            <mets:FLocat LOCTYPE="URL"
            xlink:href="dlibdev.nyu.edu/webarchive/metstest/www.apgawomen.org/projects.htm">
            </mets:FLocat>
```

```
<mets:file>
...
<mets:structMap TYPE="logical">
...
<! – Within the <div> for page 113, LINK7 is described by the following
<div> – >
<mets:div DMDID="DM8" TYPE="web page" xlink:label="page113"
LABEL= "Officers page">
    <mets:fptr>
        <mets:par>
            <mets:area FILEID="FID113"></mets:area>
        </mets:par>
    </mets:fptr>
    <mets:div TYPE="hyperlink" xlink:label ="LINK7"
    LABEL="projects">
        <mets:fptr>
            <mets:area BEGIN="000" BETYPE="BYTE" END="111"
            FILEID= "FID1145"></mets:area>
        </mets:fptr>
    </mets:div>
</mets:div>
...
<! – Within the <div> for page 120, LINK13 is described by the following
<div> – >
<mets:div DMDID="DM8" TYPE="web page" xlink:label ="page120"
LABEL= "Calendar page">
    <mets:fptr>
        <mets:par>
            <mets:area FILEID="FID120"></mets:area>
        </mets:par>
    </mets:fptr>
    <mets:div TYPE="hyperlink" xlink:label="LINK13"
```

```
        LABEL="projects">
            <mets:fptr>
                <mets:area BEGIN="000" BETYPE="BYTE" END="111"
                FILEID= "FID1145">
                </mets:area>
            </mets:fptr>
        </mets:div>
</mets:div>
<! – The following <div> represents Page 1145, the Projects page, and the pertinent <div>s for
LINK36 and LINK37. – >
<mets:div DMDID="DM8" TYPE="web page" xlink:label="page1145"
LABEL="http://dlibdev.nyu.edu/webarchive/metstest/www.apgawomen.org/projects.htm">
        <mets:fptr>
            <mets:par>
                <mets:area FILEID="FID1145"></mets:area>
            </mets:par>
        </mets:fptr>
        <mets:div TYPE="hyperlink" xlink:label="LINK36"
        LABEL="officers">
            <mets:fptr>
                <mets:area BEGIN="000" BETYPE="BYTE" END="111"
                FILEID= "FID1145"></mets:area>
            </mets:fptr>
        </mets:div>
        <mets:div TYPE="hyperlink" xlink:label="LINK37"
        LABEL="calender">
            <mets:fptr>
                <mets:area BEGIN="000" BETYPE="BYTE" END="111"
                FILEID= "FID1145"></mets:area>
            </mets:fptr>
        </mets:div>
</mets:div>
```

```
</mets:structMap>
< - The following <structLink> shows the pertinent references to and from page 1145. >
<mets:structLink>
    <mets:smLink xlink:from="LINK7" xlink:to="page1145"
    xlink:title="projects">
    </mets:smLink>
    <mets:smLink xlink:from="LINK13" xlink:to="page1145"
    xlink:title="projects">
    </mets:smLink>
    <mets:smLink xlink:from="LINK36" xlink:to="page113"
    xlink:title="officers">
    </mets:smLink>
    <mets:smLink xlink:from="LINK37" xlink:to="page120"
    xlink:title="calender">
    </mets:smLink>
</mets:structLink>
```

4.9 行为（behavior）

4.9.1 概述

METS提供了一种机制，把数字内容与应用程序或计算机程序代码相连，它们可以与METS文档的其他信息一起使用，共同呈现或显示数字对象，或者转换其一个或多个部分内容文件。这些可执行代码被称作“行为”，可以应用于METS的<structMap>的任意<div>（由<behavior>元素的STRUCTID属性指定或应用于<fileSec>的<file>元素的<transformFile>元素。

行为节元素<behaviorSec>通过可重复的<behavior>元素，把可执行行为与METS文档内容相关联。<interfaceDef>表示某个行为节中一系列行为的概要定义。<meshanism>元素用于指向一组可执行代码，代码用于执行由接口定义的行为。

<behaviorSec>元素可以重复或嵌套，可以用于对METS文档结构中的单个行为进行分组。这种分组可用于行为分类的组织或确定某些行为之间的关系，其结构如图9所示。

4.9.2 行为节属性

<u>ID（ID，可选）</u>：<behaviorSec>元素的唯一标识符，其他元素或文档可以通过该属性用IDREF或XPTR引用<behaviorSec>元素。

<u>CREATEDATE（日期型，可选）</u>：<behaviorSec>创建的时间/日期。

LABEL（字符串型，可选）：行为节的文本描述。

4.9.3 行为节包含的元素

4.9.3.1 行为元素<behavior>

<behavior>元素用于关联可执行行为和METS文档的内容。该元素有一个接口定义的<interfaceDef>元素，它表示某个行为节中一系列行为的概要定义。<behavior>元素还有一个<meshanism>元素，它是一组可执行代码，用于执行由interface简要定义的行为。其属性如下：

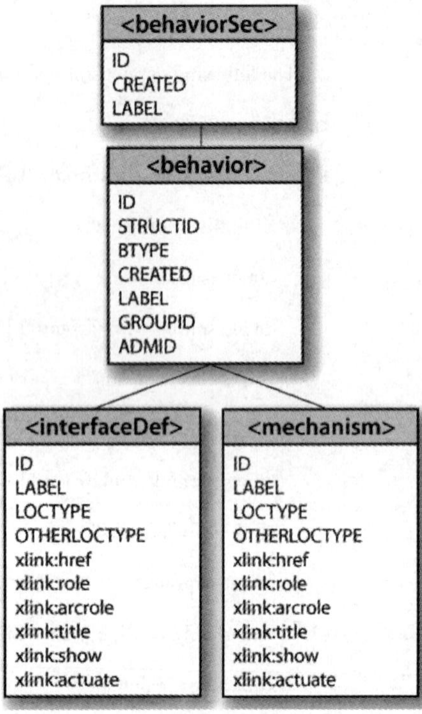

图 9　行为节

ID（ID，可选）：<behavior>元素的唯一标识符，其他元素或文档可以通过该属性用IDREF或XPTR引用<behavior>元素。在<behavior>元素应用于<transformFile>元素的情况下，必须有ID值，而且必须引用transformFile/@TRANSFORMBEHAVIOR属性。

STRUCTID（IDERFS，可选）：XML IDREFS属性，用于将某个<behavior>链接到一个或多个METS文档的<structMap>中的<div>元素。STRUCTID指向的内容，被认为是<behavior>定义的可执行行为机制的输入。如果<behavior>应用到一个或多个<div>元素，则必须有STRUCTID属性。

BTYPE（字符串型，可选）：行为类型，为相关行为的分类提供方法。

CREATED（日期型，可选）：行为的创建日期和时间。

LABEL（字符串型，可选）：行为的文本描述。

GROUPID（字符串型，可选）：建立某一行为和其他行为对应关系的标识符，便于行为的版本管理。

ADMID（IDREFS，可选）：METS文档中管理元数据节的XML ID值。

示例：

```
<mets:behaviorSec>
    <mets:behavior ID="disp1" STRUCTID="top" BTYPE="display" LABEL="Display Behavior">
```

4.9.3.2 接口定义

接口定义元素<interfaceDef>包含一个指向某个行为或一组相关行为的概要定义的指针，这些行为与METS对象的内容相关。<interfaceDef>元素用xlink:href指向的接口定义对象，可以是另一个数字对象，或其他实体，如描述接口的文本文件或网络服务描述语言（WSDL）文件。理想状态下，接口定义对象包含描述一组行为或方法的元数据。它也可以包含文件，文件可以描述行为的作用，还可以表现不同接口定义的表达方式。<interfaceDef>元素是可选的，它允许接口定义能够从行为机制对象中直接获得。

接口定义元素包括以下属性：

ID（ID，可选）：<interfaceDef>元素的唯一标识符，其他元素或文档可以通过该属性用IDREF或XPTR引用<interfaceDef>元素。

LABEL（字符串型，可选）：接口定义的文本描述。

LOCTYPE（字符串型，可选）：xlink:href属性使用的定位器类型。其有效值为ARK、URN、URL、PURL、HANDLE、DOI、OTHER。

OTHERLOCTYPE（字符串型，可选）：LOCTYPE取值为“OTHER”时，定义其定位器类型。

xlink:href（URI，可选）：提供内容文件的URI，表明<interfaceDef>元素表现的内容文件的位置。虽然是可选属性，只要<interfaceDef>元素有意义或需要使用，就必须有xlink:href属性。该属性被定义为xlink:simpleLink属性组的一部分。

xlink:role（URI，可选）：起语义的作用。根据IETF RFC 2396的定义，该属性必须是URI引用，其URI部分必须是绝对形式，除非使用的URI scheme允许使用绝对和相对形式。该属性如果存在，将明确资源的URI，该资源描述xlin:href链接的作用和功能。该属性是xlink:simpleLink属性组的一部分。

xlink:arcrole（URI，可选）：根据IETF RFC 2396的定义，该属性必须是URI引用，其URI部分必须是绝对形式，除非使用的URI scheme允许使用绝对和相对形式。该属性如果存在，将起语义的作用，用于明确资源的URI，该资源描述相关弧或指向远程资源的指针。和simpleLink相比，该属性在arcLink中使用更多，但该属性被定义为xlink:simpleLink属性组的一部分。

xlink:title（字符串型，可选）：以可读的方式描述某个链接或资源的意义，起语义的作用。该属性是xlink:simpleLink属性组的一部分。

xlink:show（字符串型，可选）：可取值如下：new、replace、embed、other、none。该可选属性表示行为，在simpleLink中表示遍历simpleLink远程终端资源的行为意向。

xlink:actuate（字符串型，可选）：可取值如下：onLoad、onRequest、other、none。该可选属性表示行为，在simpleLink中表示遍历simpleLink远程终端资源的行为意向。

示例：

```
<mets:behaviorSec>
```

```
<mets:behavior ID="disp1" STRUCTID="top" BTYPE="display" LABEL= "Display Behavior">
    <mets:interfaceDef LABEL="EAD Display Definition" LOCTYPE="URL"
    xlink:href="http://texts.cdlib.org/dynaxml/profiles/display/oacDisplayDef.txt"/>
```

4.9.3.3 可执行机制

可执行机制元素<mechanism>包含一个指向可执行代码的指针，代码用于执行接口定义的一组行为。<mechanism>元素也可以是指向其他对象（机制对象）的指针。机制对象可以是另一个METS对象或其他实体（如WSDL文件）。一个机制对象应该包含可执行代码、可执行代码的指针或绑定网络服务（如网页服务）的说明。

可执行机制元素包括以下属性：

ID（ID，可选）：<mechanism>元素的唯一标识符，其他元素或文档可以通过该属性用IDREF或XPTR引用<mechanism>元素。

LABEL（字符串型，可选）：机制节的文本描述。

LOCTYPE（字符串型，可选）：<mechanism>元素使用的定位器类型。其有效值为ARK、URN、URL、PURL、HANDLE、DOI、OTHER。

OTHERLOCTYPE（字符串型，可选）：LOCTYPE取值为“OTHER”时，定义其定位器类型。

xlink:href（URI，可选）：提供内容文件的URI，表明<interfaceDef>元素表现的内容文件的位置。虽然是可选属性，只要<interfaceDef>元素有意义或需要使用，就必须有xlink:href属性。该属性被定义为xlink:simpleLink属性组的一部分。

xlink:role（URI，可选）：起语义的作用。根据IETF RFC 2396的定义，该属性必须是URI引用，其URI部分必须是绝对形式，除非使用的URI scheme允许使用绝对和相对形式。该属性如果存在，将明确资源的URI，该资源描述xlin:href链接的作用和功能。该属性是xlink:simpleLink属性组的一部分。

xlink:arcrole（URI，可选）：根据IETF RFC 2396的定义，该属性必须是URI引用，其URI部分必须是绝对形式，除非使用的URI scheme允许使用绝对和相对形式。该属性如果存在，将起语义的作用，用于明确资源的URI，该资源描述相关弧或指向远程资源的指针。和simpleLink相比，该属性在arcLink中使用更多，但该属性被定义为xlink:simpleLink属性组的一部分。

xlink:title（字符串型，可选）：以可读的方式描述某个链接或资源的意义，起语义的作用。该属性是xlink:simpleLink属性组的一部分。

xlink:show（字符串型，可选）：可取值如下：new、replace、embed、other、none。该可选属性表示行为，在simpleLink中表示遍历simpleLink远程终端资源的行为意向。

xlink:actuate（字符串型，可选）：可取值如下：onLoad、onRequest、other、none。该可选属性表示行为，在simpleLink中表示遍历simpleLink远程终端资源的行为意向。

<mechanism>是一个空元素，<mechanism>元素指向的机制对象的位置，必须存储在xlink:href属性中。

示例：

```
<mets:behaviorSec>
    <mets:behavior ID="disp1" STRUCTID="top" BTYPE="display" LABEL="Display Behavior">
        <mets:interfaceDef LABEL="EAD Display Definition" LOCTYPE="URL"
        xlink:href="http://texts.cdlib.org/dynaxml/profiles/display/oacDisplayDef.txt"/>
        <mets:mechanism LABEL="EAD Display Mechanism" LOCTYPE="URL"
        xlink:href="http://texts.cdlib.org/dynaxml/profiles/display/oacDisplayMech.xml"/>
    </mets:behavior>
</mets:behaviorSec>
```

4.9.4　行为节示例

本例说明METS对象如何通过可执行代码实现：（1）显示编码档案描述（EAD）检索工具；（2）证实检索工具的公共存取。本例也包含<structMap>的相关部分。

```
<mets:mets schemaLocation="http://www.loc.gov/METS/
http://www.loc.gov/standards/mets/mets.xsd http://www.loc.gov/mods/v3
http://www.loc.gov/standards/mods/v3/mods-3-0.xsd http://www.loc.gov/mix/
http://www.loc.gov/standards/mix/mix.xsd
http://sunsite.berkeley.edu/MOA2/
http://sunsite.berkeley.edu/METS/moa2md.xsd"
OBJID="ark:/13030/hb1d5n9804" TYPE="text"
PROFILE="http://sunsite.berkeley.edu/mets/profiles/UCBTextProfile.xml"
LABEL="George E. Link, History of the Kaiser Permanente Medical Care Program">
...
    <mets:structMap>
        <mets:div ID="top" TYPE="TEI.2" LABEL="George E. Link History of the Kaiser Permanente
        Medical Care Program: Kaiser Permanente Medical Care Program Oral History Project">
            <mets:fptr FILEID="KAISER1"/>
    </mets:structMap>
    ...
```

```
<mets:behaviorSec>
    <mets:behavior ID="disp1" STRUCTID="top" BTYPE="display"
    LABEL="Display Behavior">
        <mets:interfaceDef LABEL="EAD Display Definition" LOCTYPE="URL"
        xlink:href="http://texts.cdlib.org/dynaxml/profiles/display/oacDispalyDef.txt"/>
        <mets:mechanism LABEL="EAD Display Mechanism" LOCTYPE="URL"
        xlink:href="http://texts.cdlib.org/dymaxml/profiles/display/oacDisplaymech.xml"/>
    </mets:behavior>
    ...
    <mets:behavior ID="auth1" STRUCTID="top" BTYPE="authentication"
    LABEL="AuthenticationBehavior">
        <mets:interfaceDef LABEL="General Public Authentication Definition" LOCTYPE="URL"
        xlink:href="http://texts.cdlib.org/dynaxml/profiles/display/publicAuthdef.txt"/>
        <mets:mechanism LABEL="General Public Authentication Mechanism" LOCTYPE="URL"
        xlink:href="http://texts.cdlib.org/dynaxml/profiles/authentication/publicAuthMech.xml"/>
    </mets:behavior>
</mets:behaviorSec>
</mets:mets>
```

附录　（规范性附录）METS元素与复合类型应用细则

1　元素

1.1　<mets>元素

METS致力于提供一个标准化的XML格式，用于在系统之间传输复杂的数字对象。它类似于在OAIS参考模型中定义的SIP、AIP和DIP。

复合类型 | metsType

可以包含 | <metsHdr> | <dmdSec> | <amdSec> | <fileSec> | <structMap> | <structLink> | <behaviorSec>

属性

ID: xsd:ID 可选

ID: 可选，XML ID值。

OBJID: xsd:string 可选

OBJID: 可选，记录METS文档的主标识符。

LABEL: xsd:string 可选

LABEL: 可选，为用户提供文档的标题或标识文本。

TYPE: xsd:string 可选

TYPE: 字符串型，可选，描述对象的类型（如图书、杂志、立体照片等）。

PROFILE: xsd:string 可选

PROFILE: 可选，提供本METS文档遵循的应用纲要的URI或其他标识符。

1.2　<metsHdr>元素

minOccurs="0"

metsHdr: METS头。

METS头元素类似于TEI头，记录关于METS文档本身的元数据（而非METS文档所编码的数字对象）。它可以包含两个子元素：<agent>（文档代理）和<altRecordID>（其他记录ID）。

可以包含 | <agent> | <altRecordID> | <metsDocumentID>

被包含于 | <mets>

属性

ID: xsd:ID 可选

ID: 可选，XML ID值。

ADMID: xsd:IDREFS 可选

ADMID: 可选，提供本METS文档管理元数据节的XML ID值列表。

CREATEDATE: xsd:dateTime 可选

CREATEDATE: 可选，时间型，记录本METS文档的创建时间。

LASTMODDATE: xsd:dateTime 可选

LASTMODDATE: 可选，时间型，记录本METS文档的上次修改时间。

RECORDSTATUS: xsd:string 可选

RECORDSTATUS: 可选，字符串型，指示本METS文档的状态（多用于内部处理）。

1.3 <agent>元素

minOccurs="0" maxOccurs="unbounded"

agent: METS代理（agent）。

本元素记录与本METS文档有关的各种团体及其承担的角色。

可以包含 | <name> | <note>

被包含于 | <metsHdr>

属性

ID: xsd:ID 可选

ID: 可选，XML ID值。

ROLE: 必备 | CREATOR | EDITOR | ARCHIVIST | PRESERVATION | DISSEMINATOR | CUSTODIAN | IPOWNER | OTHER

ROLE: 必备，指明与本METS对象有关的团体所担当的角色。可取值如下：

CREATOR: 负责创建本METS文档的个人或机构（创建者）。

EDITOR: 负责编辑本METS文档的个人或机构（编辑者）。

ARCHIVIST: 负责存档保管本METS文档的个人或机构，与/或负责存档保管用来创建本METS对象的原始资源的个人或机构。

PRESERVATION: 负责保存本METS对象的个人或机构，与/或负责保存用来创建本

METS对象的原始资源的个人或机构。

DISSEMINATOR: 负责分发或出版本METS对象的个人或机构。

CUSTODIAN: 负责监管本METS对象的个人或机构。

IPOWNER: 拥有本METS对象或其中部分的知识产权的个人或机构。

OTHER: 对本METS对象拥有不属于上述任何一种的其他权利（或负有其他责任）的个人或机构。

OTHERROLE: xsd:string 可选

OTHERROLE: 可选，字符串型，指明代理与本METS对象（或其来源）有关的特殊的角色。当ROLE属性值为“OTHER”时使用。

TYPE: 可选 | INDIVIDUAL | ORGANIZATION | OTHER

TYPE: 可选，指明个人或机构的自然属性（指类型），可取值如下：

INDIVIDUAL: 独立自然人代理。

ORGANIZATION: 集体代理。

OTHER: 其他形式代理（如软件代理）。

OTHERTYPE: xsd:string 可选

OTHERTYPE: 可选，字符串型，指明代理的特定类型。当代理的TYPE属性值为“OTHER”时使用。

1.4 <name>元素

type="xsd:string"

name: 代理的全称。

被包含于 | <agent>

1.5 <note>元素

type="xsd:string" minOccurs="0" maxOccurs="unbounded"

note: 与本METS文档有关的代理活动的补充说明。

被包含于 | <agent>

1.6 <altRecordID>元素

minOccurs="0" maxOccurs="unbounded"

altRecordID: 其他记录ID（Alternative Record ID）。

除了METS根元素的OBJID属性中存储的主ID之外，本元素提供本METS文档的其他ID。

被包含于 | <metsHdr>

属性

ID: xsd:ID 可选

ID: 可选，XML ID值。

TYPE: xsd:string 可选

TYPE: 可选，字符串型，描述标识符的类型（如OCLC#、LCCN等）。

1.7 <metsDocumentID>元素

minOccurs="0"

METS文档标识元素<metsDocumentID>为METS文档指定唯一标识。该标识可以不同于METS根元素的OBJID属性值（OBJID属性值唯一指定METS文档表示的整个数字对象）。

被包含于 | <metsHdr>

属性

ID: xsd:ID 可选

ID: 可选，XML ID值。

TYPE: xsd:string 可选

TYPE: 可选，字符串型，描述标识符的类型。

1.8 <dmdSec>元素

type="mdSecType" minOccurs="0" maxOccurs="unbounded"

dmdSec: 描述元数据节（Description Metadata Section）。

本节记录METS对象内全部项目的所有描述元数据，包括结构图部分的描述元数据以及数据文件的描述元数据。元数据以Warwick框架的方式，既可以被包含在METS文档中（即mdWrap方式），也可以通过其标识符（或指示器）引用（即mdRef方式）。dmdSec元素可以重复，以记录METS对象每个独立项目的描述元数据。

可以包含 | <mdRef> | <mdWrap>

被包含于 | <mets>

属性

ID: xsd:ID 必备

ID: 必备，XML ID值。

GROUPID: xsd:string 可选

GROUPID: 可选，字符串型，为组的标识符，用于表示不同的元数据节同属一个组。

两个GROUPID值相同的元数据节同属一组。比如，把同一个元数据的不同版本划为一组，即可将元数据的早期版本记录在文件中，从而跟踪其变化情况。

ADMID: xsd:IDREFS 可选

ADMID: 可选，记录该描述元数据（或管理元数据）的管理元数据的XML ID值。典型用法是指向该元数据的保存元数据。

CREATED: xsd:dateTime 可选

CREATED: 可选，时间型，指明创建该元数据的日期和时间。

STATUS: xsd:string 可选

STATUS: 可选，字符串型，指明该元数据的状态（如过期、正在使用等）。

1.9 <amdSec>元素

type="amdSecType" minOccurs="0" maxOccurs="unbounded"

amdSec: 管理元数据节（Administrative Metadata Section）。

本节记录METS对象所有条目的全部管理元数据（包括结构图部分、数据文件、描述元数据节以及管理元数据节本身）。它分作4个子节：techMD（技术元数据）、righteMD（知识产权元数据）、sourceMD（模拟/数字资源元数据）和digiprovMD（数字起源元数据）。每个子节为mdSecType类型，以mdWrap方式包含在METS中心文档中或以mdRef指示其标识符（指示器）。techMD、rightsMD、sourceMD、digiprovMD可以重复，以便记录METS对象的每一个条目的管理元数据。

可以包含 | <techMD> | <rightsMD> | <sourceMD> | <digiprovMD>

被包含于 | <mets>

属性

ID: xsd:ID 可选

ID: 可选，XML ID值。

1.10 <fileSec>元素

minOccurs="0"

fileSec: 内容文件节（Content File Section）。

本节记录组成此数字对象的所有数据文件的信息。

可以包含 | <fileGrp>

被包含于 | <mets>

属性

ID: xsd:ID 可选

ID: 可选，XML ID值。

1. 11 <fileGrp>元素

maxOccurs="unbounded"

fileGrp: 文件组（File Group）。

本元素将多个文件如划为一组（如某作品的所有图像，或某页面的所有图像等）。

复合类型 | fileGrpType

可以包含 | <fileGrp> | <file>

被包含于 | <fileSec> | <fileGrp> | <fileGrp>

属性

ID: xsd:ID 可选

ID: 可选，XML ID值。

VERSDATE: xsd:dateTime 可选

VERSDATE: 可选，时间型，指明数字对象的此版本/文件组的创建时间。

ADMID: xsd:IDREFS 可选

ADMID: 可选，是本METS文档中管理元数据节的XML ID值列表，这些值指明了本文件组内文件的管理信息。

USE: xsd:string 可选

USE: 可选，字符串型，指明本文件组内文件的用途（如图像的主文件、参考文件、缩略图等）。

1. 12 <structMap>元素

type="structMapType" maxOccurs="unbounded"

structMap: 结构图（Structural Map）。

结构图是METS文档的核心，它定义了被数字化的源文档的层次结构。该层次利用<div>元素形成树结构。任一给定的div可以通过<mptr>元素指向另一个METS文档；也可以通过<fptr>和子元素指向一个或一组文件、若干文件片断或文件组。

可以包含 | <div>

被包含于 | <mets>

属性

ID: xsd:ID 可选

ID: 可选，XML ID值。

TYPE: xsd:string 可选

TYPE: 可选，字符串。指明结构图的类型，典型值是PHYSICAL和LOGICAL。PHYSICAL描述了原始作品的物理组成，如一篇论文的连续页；而LOGICAL则描述了作品的知识结构，如一篇论文有目录、前言、章节、索引等。

LABEL: xsd:string 可选

LABEL: 可选，字符串。用于为用户描述结构图，类似物理结构图和逻辑结构图同时存在的情况，当一个对象有多个结构图时很有用。

1.13 <structLink>元素

minOccurs="0"

structLink: 结构图链接节（Structural Map Linking）。

结构图链接节，描述了结构图所示的METS结构内不同组件之间的超链接规范。

复合类型 | structLinkType

可以包含| <smLink> | <smLinkGrp>

被包含于 | <mets>

属性

ID: xsd:ID 可选

ID: 可选，XML ID值。

1.14 <behaviorSec>元素

type="behaviorSecType" minOccurs="0" maxOccurs="unbounded"

behaviorSec: 行为节。

本节记录了与METS对象内容关联的可执行操作（行为）。

可以包含 | <behaviorSec> | <behavior>

被包含于 | <mets> | <behaviorSec> | <behaviorSec>

属性

ID: xsd:ID 可选

ID: 可选，XML ID值。

CREATED: xsd:dateTime 可选

CREATED: 可选，时间型，指明behaviorSec的创建时间。

LABEL: xsd:string 可选

LABEL: 可选，字符串型，提供behaviorSec的文本描述。

1.15 <techMD>元素

type="mdSecType" minOccurs="0" maxOccurs="unbounded"

techMD: 技术元数据（technical metadata）。

本元素为普通元数据节封装了一层元数据，即关于一个或多个文件的技术元数据。

可以包含 | <mdRef> | <mdWrap>

被包含于 | <amdSec>

属性

ID: xsd:ID 必备

ID: 必备，XML ID值。

GROUPID: xsd:string 可选

GROUPID: 可选，字符串型，为组的标识符，用于表示不同的元数据节同属一个组。两个GROUPID值相同的元数据节同属一组。比如，把同一个元数据的不同版本划为一组，即可将元数据的早期版本记录在文件中，从而跟踪其变化情况。

ADMID: xsd:IDREFS 可选

ADMID: 记录该描述元数据（或管理元数据）的管理元数据的XML ID值。典型用法是指向该元数据的保存元数据。

CREATED: xsd:dateTime 可选

CREATED: 可选，时间型，指明元数据的创建时间。

STATUS: xsd:string 可选

STATUS: 可选，字符串型，指明该元数据的状态（如过期、正在使用等）。

1.16 <rightsMD>元素

type="mdSecType" minOccurs="0" maxOccurs="unbounded"

rightsMD: 知识产权元数据（intellectual property rights metadata）。

本元素为普通元数据节封装了一层元数据，即包含知识产权的元数据。

可以包含 | <mdRef> | <mdWrap>

被包含于 | <amdSec>

属性

ID: xsd:ID 必备

ID: 必备，XML ID值。

GROUPID: xsd:string 可选

GROUPID: 可选，字符串型，为组的标识符，用于表示不同的元数据节同属一个组。两个GROUPID值相同的元数据节同属一组。比如，把同一个元数据的不同版本划为一组，即可将元数据的早期版本记录在文件中，从而跟踪其变化情况。

ADMID: xsd:IDREFS 可选

ADMID: 记录该描述元数据（或管理元数据）的管理元数据的XML ID值。典型用法是指向该元数据的保存元数据。

CREATED: xsd:dateTime 可选

CREATED: 可选，时间型，指明元数据的创建时间。

STATUS: xsd:string 可选

STATUS: 可选，字符串型，指明该元数据的状态（如过期、正在使用等）。

1.17 <sourceMD>元素

type="mdSecType" minOccurs="0" maxOccurs="unbounded"

sourceMD: 来源元数据（source metadata）。

本元素为普通元数据节封装了一层元数据，即关于该METS对象的原始资源（由此原始资源生成了该METS对象）的描述或管理元数据。

可以包含 | <mdRef> | <mdWrap>

被包含于 | <amdSec>

属性

ID: xsd:ID 必备

ID: 必备，XML ID值。

GROUPID: xsd:string 可选

GROUPID: 可选，字符串型，为组的标识符，用于表示不同的元数据节同属一个组。两个GROUPID值相同的元数据节同属一组。比如，把同一个元数据的不同版本划为一组，即可将元数据的早期版本记录在文件中，从而跟踪其变化情况。

ADMID: xsd:IDREFS 可选

ADMID: 记录该描述元数据（或管理元数据）的管理元数据的XML ID值。典型用法是指向该元数据的保存元数据。

CREATED: xsd:dateTime 可选

CREATED: 可选，时间型，指明元数据的创建时间。

STATUS: xsd:string 可选

STATUS: 可选，字符串型，指明该元数据的状态（如过期、正在使用等）。

1.18 <digiprovMD>元素

type="mdSecType" minOccurs="0" maxOccurs="unbounded"

digiprovMD: 数字起源元数据（digital provenance metadata）。

本元素是给普通元数据包装的元数据，它包含数字对象的最初起源信息及其当前元素的衍生信息。它可以表示同一对象的不同文件之间存在着主从关系或衍生关系，可以表示经过数字化后的数字对象的组成文件又经过了转换或迁移，也可以表示原生数字资源文件的创建。简言之，digiprovMD的目的，是使所记录的信息反映出数字对象生命周期中经历过哪些变化，以便档案管理人员、图书馆员和学者能够判断这种变化过程对原始作品反映的真实程度可能带来的影响或损失。

可以包含 | <mdRef> | <mdWrap>

被包含于 | <amdSec>

属性

ID: xsd:ID 必备

ID: 必备，XML ID值。

GROUPID: xsd:string 可选

GROUPID: 可选，字符串型，为组的标识符，用于表示不同的元数据节同属一个组。两个GROUPID值相同的元数据节同属一组。比如，把同一个元数据的不同版本划为一组，即可将元数据的早期版本记录在文件中，从而跟踪其变化情况。

ADMID: xsd:IDREFS 可选

ADMID: 记录该描述元数据（或管理元数据）的管理元数据的XML ID值。典型用法是指向该元数据的保存元数据。

CREATED: xsd:dateTime 可选

CREATED: 可选，时间型，指明元数据的创建时间。

STATUS: xsd:string 可选

STATUS: 可选，字符串型，指明该元数据的状态（如过期、正在使用等）。

1.19 <fileGrp>元素

type="fileGrpType" minOccurs="0" maxOccurs="unbounded"

可以包含 | <fileGrp> | <file>

被包含于 | <fileSec> | <fileGrp> | <fileGrp>

属性

ID: xsd:ID 可选

ID: 可选，XML ID值。

VERSDATE: xsd:dateTime 可选

VERSDATE: 可选，时间型，指明数字对象的此版本/文件组的创建时间。

ADMID: xsd:IDREFS 可选

ADMID: 可选，指明该METS文档中此文件组内所有文件对应的管理元数据节的XML ID值列表。

USE: xsd:string 可选

USE: 可选，字符串型，指明本文件组内所有文件的用途（如图像的主文件、参考文件、缩略图等）。

1.20 <file>元素

minOccurs="0" maxOccurs="unbounded" type="fileType"

可以包含 | <FLocat> | <FContent> | <stream> | <transformFile> | <file>

被包含于 | <fileGrp> | <fileGrp> | <file> | <file>

属性

ID: xsd:ID 必备

ID: 必备，XML ID值。

MIMETYPE: xsd:string 可选

MIMETYPE: 可选，字符串型，提供文件的MIME类型。

SEQ: xsd:int 可选

SEQ: 可选，整型，指明本文件在其文件组中的序号。

SIZE: xsd:long 可选

SIZE: 可选，长整型，指明文件的长度（字节数）。

CREATED: xsd:dateTime 可选

CREATED: 可选，时间型，指明文件的创建时间。

CHECKSUM: xsd:string 可选

CHECKSUM: 可选，字符串型，提供内含文件的校验码。

CHECKSUMTYPE: 可选 | HAVAL | MD5 | SHA-1 | SHA-256 | SHA-384 | SHA-512 | TIGER | WHIRLPOOL

CHECKSUMTYPE: 可选，指明产生CHECHSNM校验值的校验算法。可取值如下：

HAVAL

MD5

SHA-1

SHA-256

SHA-384

SHA-512

TIGER

WHIRLPOOL

OWNERID: xsd:string 可选

OWNERID: 可选，字符串型，为文件提供唯一标识符（包括URI），可以不同于用于检索该文件的URI。

ADMID: xsd:IDREFS 可选

ADMID: 可选，是本METS文档中与该文件相关的管理元数据的XML ID值的列表。

DMDID: xsd:IDREFS 可选

DMDID: 是本METS文档中与该文件相关的描述元数据的XML ID值的列表。

GROUPID: xsd:string 可选

GROUPID: 可选，字符串型。是一个标识符，用于在本文件与其他文件组中的文件建立联系。比如，某文件组的主图像文件和第二个文件组中的引用副本文件，并和第三个文件组中的缩略图文件可以具有同一个GROUPID。

USE: xsd:string 可选

USE: 可选，字符串型，指明该文件的用途（如图像的主文件、参考文件、缩略图等）。

1.21 <div>元素

type="divType"

div: 区（Division）。

METS标准用一串嵌套的<div>元素使文档结构化，形成层次。例如，书由章组成，章由节组成，节由文本组成。结构图层次结构中的每一个<div>节点，都可以通过子元素<mptr>或子元素<fptr>，关联其对应的内容文件。

可以包含 | <mptr> | <fptr> | <div>

被包含于 | <structMap> | <div> | <div>

属性

ID: xsd:ID 可选

ID: 可选，XML ID值。

ORDER: xsd:integer 可选

ORDER: 可选，整型，表示div在其家族成员中的序号（如序列号）。

ORDERLABEL: xsd:string 可选

ORDERLABEL: 可选，字符串型，表示div在其家族成员中的次序（如“xii”）。可以不是整型数据，还可以是某种本地序数系统的序号。但是ORDERLABEL应该可被机读操作（比如支持页码的“go to”定位功能）。它不可以替代LABEL属性。

LABEL: xsd:string 可选

LABEL: 可选，字符串标签，为浏览该文档的最终用户描述该div，作为目录。div标签应该专门对应它在结构图中的层次。以一本多章节的书为例，书的div LABEL应该是书的标题，章节的div LABEL应该是章节标题，而不是书的标题加上章节标题。

DMDID: xsd:IDREFS 可选

DMDID: 可选，为XML ID值列表，指向此<div>在METS文档内的描述元数据。

ADMID: xsd:IDREFS 可选

ADMID: 可选，为XML ID值列表，指向此<div>在METS文档内的管理元数据。

TYPE: xsd:string 可选

TYPE: 可选，字符串型，指明<div>的类型（如章节、文章、页等）。

CONTENTIDS: URIs 可选

CONTENTIDS: 此division的ContentID（等同于DIDL DII）。

: xlink:label

xlink:label　被smLink元素引用的xlink label。

1.22　<mptr>元素

minOccurs="0" maxOccurs="unbounded"

mptr: METS指针（METS Pointer）。

本元素允许div关联另一个METS文档，与该div相应的内容则存在那个METS文档中，而不是让mptr元素指向内部文件或文件组。一种典型的情形如连续出版的期刊的METS文档，每一个<div>元素表示一个卷期，<div>元素则分别指向独立的卷期METS文档，而不是把每卷的文件和文件组都编码在一个大文档中。

注意：<mptr>是空元素，能指向的资源位置必须存放在xlink:href属性中。

被包含于 | <div> | <div>

属性

ID: xsd:ID 可选

ID: 可选，XML ID值。

CONTENTIDS: URIs 可选

CONTENTIDS: 该div的内容ID列表Content IDs（相当于DIDL DII）。

attributeGroup ref:LOCATION

LOCTYPE: 必备 | ARK | URN | URL | PURL | HANDLE | DOI | OTHER

LOCTYPE: 定位器类型（Location Type）。定位器的类型，指向某文件，可取值如下：

URN: 统一资源名称（Uniform Resource Name）。

URL: 统一资源定位器（Uniform Resource Locator）。

PURL: 永久URL（Persistent URL）。

HANDLE: CNRI句柄（CNRI Handle）。

DOI: DOI标识符（数字对象标识符，A Digital Object Identifier）。

OTHER: 上述不包括的其他类型指示器。

OTHERLOCTYPE: xsd:string 可选

OTHERLOCTYPE: 可选，字符串型，当LOCTYPE取值“OTHER”时，用于指明LOCTYPE的类型。

attributeGroup ref:xlink:simpleLink

attributeGroup ref:LOCATION

LOCTYPE: 必备 | ARK | URN | URL | PURL | HANDLE | DOI | OTHER

LOCTYPE: 定位类型（Location Type）。定位器的类型，指向某文件，可取值如下：

URN: 统一资源名称（Uniform Resource Name）。

URL: 统一资源定位器（Uniform Resource Locator）。

PURL: 永久URL（Persistent URL）。

HANDLE: CNRI句柄（CNRI Handle）。

DOI: DOI标识符（数字对象标识符，A Digital Object Identifier）。

OTHER: 上述不包括的其他类型指示器。

OTHERLOCTYPE: xsd:string 可选

OTHERLOCTYPE：可选，字符串型，当LOCTYPE取值“OTHER”时，用于指明LOCTYPE的类型。

attributeGroup ref:xlink:simpleLink

1.23 <fptr>元素

minOccurs="0" maxOccurs="unbounded"

fptr: 文件指针（File Pointer）。

本元素连接<div>元素及其对应的内容文件。它既可以通过FILEID属性直接指向文件本身，也可以通过子元素<area>、<par>和<seq>进行更复杂的链接。

可以包含 | <par> | <seq> | <area>

被包含于 | <div> | <div>

属性

ID: xsd:ID 可选

ID: 可选，XML ID值。

FILEID: xsd:IDREF 可选

FILEID: IDREF型，指向包含此<ftpr>的div对应的文件元素。

CONTENTIDS: URIs 可选

CONTENTIDS: 该div的内容ID列表ContentIDs（相当于DIDL DII）。

1.24 <par>元素

minOccurs="0"

par: 并行文件（Parallel files）。

<par>元素将div指向一组需要同步播放给用户的文件，比如播放音频文件的同时显示解说词。<par>元素有两个子元素，分别应用于不同的情形。如果需要同步播放的每一个字节流，都分别可以容纳在一个文件中，就可以用<area>子元素分别指向那些文件，再把它们都放在<par>元素中。但有时需要同步播放的某字节流太大，一个文件容纳不下（比如高质量多音道的音频或视频），就要用到<seq>元素了——让每个<seq>里面的文件按照播放次序组成最后的字节流。例如，有一段录音，必须分割成三个顺序音频文件和一个解说文件，就需要用一个<par>元素包含两个<seq>元素，第一个<seq>元素包括三个<area>元素，每个<area>元素内一个音频文件；而第二个<seq>元素则包含一个存有那个文本解说文件的<area>元素。

可以包含 | <area> | <seq>

被包含于 | <fptr> | <seq> | <seq>

属性

ID: xsd:ID 可选

ID: 可选，XML ID值。

1. 25 <seq>元素

type="seqType" minOccurs="0"

seq: 文件序列（Sequence of files）。

<seq>元素用于把一个div与一组内容文件联系起来，而且这些文件应该顺序地传送给用户，参见seqType文档中的详细说明。

可以包含 | <area>

被包含于 | <fptr> | <par>

属性

ID: xsd:ID 可选

ID: 可选，XML ID值。

1. 26 <area>元素

type="areaType" minOccurs="0"

area: 文件区域（file area）。

<area>元素可为<div>元素及其对应的内容文件（文本，图像，音频，视频文件）之间建立比较复杂的链接。<area>元素可以把<div>链接到文件的某一个点，既可以是文件的一维片段（如文本屏、直线图像，音/视频剪辑），也可以是文件的二维片段（如图像子区域、视频文件的一部分）。参见areaType文档的详细说明。

被包含于 | <fptr> | <par> | <par> | <seq> | <seq>

属性

ID: xsd:ID 可选

ID: 可选，XML ID值。

FILEID: xsd:IDREF 必备

FILEID: 该div所指文件元素的强制IDREF。

SHAPE: 可选 | RECT | CIRCLE | POLY

SHAPE: 可选，字符串型，它定义了一个二维区域的形状，此区域在一个被链接的内容文件中被引用。可取值如下：

RECT: 长方形区域。

CIRCLE: 圆形区域。

POLY: 不规则多边形。

SHAPE属性的使用方式应该类似于HTML4中的用法。

COORDS: xsd:string 可选

COORDS: 可选，字符串型，列出图像（静态图像或视频帧）的一组可视坐标，COORDS属性的使用方式应该类似HTML4中的用法。

BEGIN: xsd:string 可选

BEGIN: 可选，字符串型，标明被引用文件中某部分的起始位置，与END属性配对使用。

END: xsd:string 可选

END: 可选，字符串型，标明被引用文件中某部分的结束位置，与BEGIN属性配对使用。

BETYPE: 可选 | BYTE | IDREF | SMIL | MIDI | SMPTE-25 | SMPTE-24 | SMPTE-DF30 | SMPTE-NDF30 | SMPTE-DF29.97 | SMPTE-NDF29.97 | TIME | TCF

BETYPE: 起始/结束类型（Begin/End Type）。可选，指明BEGIN和END属性值的语法，可取值如下：

BYTE: 字节偏移量。

IDREF: 内容文件中某元素的XML ID值。

SMIL: SMIL格式的时间值。

MIDI: MIDI格式的时间值。

SMPTE-25: 每秒25帧素材的SMPTE时间码。

SMPTE-24: 每秒24帧素材的SMPTE时间码。

SMPTE-DF30: 每秒30帧丢帧素材的SMPTE时间码。

SMPTE-NDF30: 每秒30帧非丢帧素材的SMPTE时间码。

SMPTE-DF29.97: 每秒29.97帧丢帧素材的SMPTE时间码。

SMPTE-NDF29.97: 每秒29.97帧非丢帧素材的SMPTE时间码。

TIME: 简单时间代码，形如HH:MM:SS。

TCF: 时间码字符格式值。

EXTENT: xsd:string 可选

EXTENT: 可选，字符串型，标明area元素所指向片断的时长。

EXTTYPE: 可选 | BYTE | SMIL | MIDI | SMPTE-25 | SMPTE-24 | SMPTE-DF30 | SMPTE-

NDF30 | SMPTE-DF29.97 | SMPTE-NDF29.97 | TIME | TCF

EXTTYPE: 扩展类型（Extent Type）。可选，指明EXTENT属性值的语法，参见BETYPE的取值描述部分。

ADMID: xsd:IDREFS 可选

ADMID: 可选，为XMD ID值的列表，指向本METS文档中与此area相关的所有管理元数据节。

CONTENTIDS: URIs 可选

CONTENTIDS: 此division的ContentID（等同于DIDL DII）。

1.27 <div>元素

type="divType" minOccurs="0" maxOccurs="unbounded"

可以包含 | <mptr> | <fptr> | <div>

被包含于 | <structMap> | <div> | <div>

属性

ID: xsd:ID 可选

ID: 可选，XML ID值。

ORDER: xsd:integer 可选

ORDER: 可选，整型，表示div在其家族成员中的序号（比如序列号）。

ORDERLABEL: xsd:string 可选

ORDERLABEL: 可选，字符串型，表示div在其家族成员中的次序（如“xii”）。可以不是整型数据，还可以是某种本地序数系统的序号。但是ORDERLABEL应该可被机读操作（比如支持支持页码的“go to”定位功能）。它不可以替代LABEL属性。

LABEL: xsd:string 可选

LABEL: 可选，字符串型标签，为浏览该文档的最终用户描述该div，作为目录。（注意：div标签应该专门对应它在结构图中的层次。以一本多章节的书为例，书的div LABEL应该是书的标题，章节的div LABEL应该是章节标题，而不是书的标题加上章节标题。）

DMDID: xsd:IDREFS 可选

DMDID: 可选，为XML ID值列表，指向此div在METS文档内的描述元数据。

ADMID: xsd:IDREFS 可选

ADMID: 可选，为XML ID值列表，指向此 div在METS文档内的管理元数据。

TYPE: xsd:string 可选

TYPE: 可选，字符串型，指明div的类型（如章节、文章、页等）。

CONTENTIDS: URIs 可选

CONTENTIDS: 此division的ContentID（等同于DIDL DII）。

: xlink:label

xlink:label　被smLink元素引用的xlink label。

1.28 <area>元素

type="areaType" maxOccurs="unbounded"

可以包含

被包含于 | <fptr> | <par> | <par> | <seq> | <seq>

属性

ID: xsd:ID 可选

ID: 可选，XML ID值。

FILEID: xsd:IDREF 必备

FILEID: 该div所指文件元素的强制IDREF。

SHAPE: 可选 | RECT | CIRCLE | POLY

SHAPE: 可选，字符串型，它定义了一个二维区域的形状，此区域在一个被链接的内容文件中被引用。可取值如下：

RECT: 长方形区域。

CIRCLE: 圆形区域。

POLY: 不规则多边形。

SHAPE属性的使用方式应该类似于HTML4中的用法。

COORDS: xsd:string 可选

COORDS: 可选，字符串型，列出图像（静态图像或视频帧）的一组可视坐标，COORDS属性的使用方式应该类似HTML4中的用法。

BEGIN: xsd:string 可选

BEGIN: 可选，字符串型，标明被引用文件中某部分的起始位置，与END属性配对使用。

END: xsd:string 可选

END: 可选，字符串型，标明被引用文件中某部分的结束位置，与BEGIN属性配对使用。

BETYPE: 可选 | BYTE | IDREF | SMIL | MIDI | SMPTE-25 | SMPTE-24 | SMPTE-DF30 | SMPTE-NDF30 | SMPTE-DF29.97 | SMPTE-NDF29.97 | TIME | TCF

BETYPE: 起始/结束类型（Begin/End Type）。可选，指明BEGIN和END属性值的语法，可取值如下：

BYTE: 字节偏移量。

IDREF: 内容文件中某元素的XML ID值。

SMIL: SMIL格式的时间值。

MIDI: MIDI格式的时间值。

SMPTE-25: 每秒25帧素材的SMPTE时间码。

SMPTE-24: 每秒24帧素材的SMPTE时间码。

SMPTE-DF30: 每秒30帧丢帧素材的SMPTE时间码。

SMPTE-NDF30: 每秒30帧非丢帧素材的SMPTE时间码。

SMPTE-DF29.97: 每秒29.97帧丢帧素材的SMPTE时间码。

SMPTE-NDF29.97: 每秒29.97帧非丢帧素材的SMPTE时间码。

TIME: 简单时间代码，形如HH:MM:SS。

TCF: 时间码字符格式值。

EXTENT: xsd:string 可选

EXTENT: 可选，字符串型，标明<area>元素所指向片断的时长。

EXTTYPE: 可选 | BYTE | SMIL | MIDI | SMPTE-25 | SMPTE-24 | SMPTE-DF30 | SMPTE-NDF30 | SMPTE-DF29.97 | SMPTE-NDF29.97 | TIME | TCF

EXTTYPE: 扩展类型（Extent Type）。可选，指明EXTENT属性值的语法，参见BETYPE的取值描述部分。

ADMID: xsd:IDREFS 可选

ADMID: 可选，为XMD ID值的列表，指向本METS文档中与此area相关的所有管理元数据节。

CONTENTIDS: URIs 可选

CONTENTIDS: 此division的ContentID（等同于DIDL DII）。

1.29 <seq>元素

type="seqType" maxOccurs="unbounded"

可以包含 | <area>

被包含于 | <fptr> | <par> | <par>

属性

ID: xsd:ID 可选

ID: 可选，XML ID值。

1.30 <area>元素

type="areaType" maxOccurs="unbounded"

被包含于 | <fptr> | <par> | <seq> | <seq>

属性

ID: xsd:ID 可选

ID: 可选，XML ID值。

FILEID: xsd:IDREF 必备

FILEID: 该div所指文件元素的强制IDREF。

SHAPE: 可选 | RECT | CIRCLE | POLY

SHAPE: 可选，字符串型，它定义了一个二维区域的形状，此区域在一个被链接的内容文件中被引用。可取值如下：

RECT: 长方形区域。

CIRCLE: 圆形区域。

POLY: 不规则多边形。

SHAPE属性的使用方式应该类似于HTML4中的用法。

COORDS: xsd:string 可选

COORDS: 可选，字符串型，列出图像（静态图像或视频帧）的一组可视坐标，COORDS属性的使用方式应该类似HTML4中的用法。

BEGIN: xsd:string 可选

BEGIN: 可选，字符串型，标明被引用文件中某部分的起始位置，与END属性配对使用。

END: xsd:string 可选

END: 可选，字符串型，标明被引用文件中某部分的结束位置，与BEGIN属性配对使用。

BETYPE: 可选 | BYTE | IDREF | SMIL | MIDI | SMPTE-25 | SMPTE-24 | SMPTE-DF30 | SMPTE-NDF30 | SMPTE-DF29.97 | SMPTE-NDF29.97 | TIME | TCF

BETYPE: 起始/结束类型（Begin/End Type）。可选，指明BEGIN和END属性值的语法，可取值如下：

BYTE: 字节偏移量。

IDREF: 内容文件中某元素的XML ID值。

SMIL: SMIL格式的时间值。

MIDI: MIDI格式的时间值。

SMPTE-25: 每秒25帧素材的SMPTE时间码。

SMPTE-24: 每秒24帧素材的SMPTE时间码。

SMPTE-DF30: 每秒30帧丢帧素材的SMPTE时间码。

SMPTE-NDF30: 每秒30帧非丢帧素材的SMPTE时间码。

SMPTE-DF29.97: 每秒29.97帧丢帧素材的SMPTE时间码。

SMPTE-NDF29.97: 每秒29.97帧非丢帧素材的SMPTE时间码。

TIME: 简单时间代码，形如 HH:MM:SS。

TCF: 时间码字符格式值。

EXTENT: xsd:string 可选

EXTENT: 可选，字符串型，标明<area>元素所指向片断的时长。

EXTTYPE: 可选 | BYTE | SMIL | MIDI | SMPTE-25 | SMPTE-24 | SMPTE-DF30 | SMPTE-NDF30 | SMPTE-DF29.97 | SMPTE-NDF29.97 | TIME | TCF

EXTTYPE: 扩展类型（Extent Type）。可选，指明EXTENT属性值的语法，参见BETYPE的取值描述部分。

ADMID: xsd:IDREFS 可选

ADMID: 可选，为XMD ID值的列表，指向本METS文档中与此area相关的所有管理元数据节。

CONTENTIDS: URIs 可选

CONTENTIDS: 此<div>的内容ID列表ContentIDs（等同于DIDL DII）。

1.31 <par>元素

type="parType" minOccurs="0"

par: 并行文件（Parallel files）。

par元素将div指向一组需要同步播放给用户的文件，比如播放音频文件的同时显示解说词。par元素有两个子元素，分别应用于不同的情形。如果需要同步播放的每一个字节流，都分别可以容纳在一个文件中，就可以用<area>子元素分别指向那些文件，再把它们都放在par元素中。但有时需要同步播放的某字节流太大，一个文件容纳不下（比如高质量多音道的音频或视频），就要用到<seq>元素，让每个<seq>里的文件按照播放次序组成最后的字节流。例如，有一段录音，必须分割成三个顺序音频文件和一个解说文件，就需要用一个par元素包含两个seq元素，每一个seq元素包括三个area元素，每个area元素内一个音频文件；而第二个seq元素则包含一个存有那个文本解说文件的area元素。

可以包含 | <area> | <seq>

被包含于 | <fptr> | <seq> | <seq>

属性

ID: xsd:ID 可选

ID: 可选，XML ID值。

1.32 <smLink>元素

maxOccurs="unbounded"

smLink: 结构图链接（structural map Link）。

本元素用于连接结构图中的两个元素，用于表示在这两个结构图节点所示的两个METS组件（component）之间存在着超链接。例如，可以使用<smLink>记录web页面之间的链接，前提是在METS内记录这些链接。

被包含于 | <structLink>

属性

ID: xsd:ID 可选

ID: 可选，XML ID值。

: xlink:arcrole 可选

xlink:arcrole　根据xlink规范，指link的角色。参见http://www.w3.org/TR/xlink/。

: xlink:title 可选

xlink:title　根据xlink规范，指link的标题（如果需要的话）。参见http://www.w3.org/TR/xlink/。

: xlink:show 可选

xlink:show　参见xlink规范，见http://www.w3.org/TR/xlink/。

: xlink:actuate 可选

xlink:actuate　参见xlink规范，见http://www.w3.org/TR/xlink/。

: xlink:to 必备

xlink:to　strucMap中链接目标元素的label值。

: xlink:from 必备

xlink:from　strucMap中链接发起元素的label值。

1.33 <smLinkGrp>元素

结构图链接组元素<smLinkGrp>是xlink:extendLink的实施，提供符合xlink的机制，为相同或不同METS文档中<structMap>元素的两个或两个以上<div>元素建立xlink:arcLink型链接。<smLinkGrp>的作用类似于<smLink>元素，以xlink的方式在同一METS文档中的<div>元素之间建立一对一的链接。它也可以用于在<div>元素之间建立一对多或多对多的链接。例如，如果一个METS文档包含两个<structMap>元素，分别为纯逻辑结构和纯物理结构，<smLinkGrp>元素将提供一种方式，在表现逻辑实体（如一篇报纸文章）的<div>和组成逻辑实体、表现物理区域的多个<div>元素（如组成报纸文章页面区域的<div>元素）之间建立映射关系。

可以包含 | <smLocatorLink> | <smArcLink>

被包含于 | <structLink>

属性

ID: xsd:ID

ARCLINKORDER: | ordered | unordered

ARCLINKORDER: 枚举型，字符串型，可选属性。ARCLINKORDER用于表明<smLinkGrp>元素聚合的<smArcLink>元素的顺序是否重要。如果重要，必须要给出“ordered”（有序）值。缺省值是“unordered”（无序）。注意ARLINKORDER属性没有xlink指定的意义。

1.34 <smLocatorLink>元素

minOccurs="2" maxOccurs="unbounded"

结构图定位器链接元素<smLocatorLink>为同一<smLinkGrp>的<smArcLink>元素指定的一个或多个链接的<div>元素提供标识。由<smLocatorLink>表现的<div>元素通过相关的xlink:href属性的URI来标识。xlink:href URI的最低级别是引用标识相关<div>元素ID值的标识符片段。例如“xlink:href='#div20'”中，“div20”是标识该METS文档相关<div>的ID值。<smLocatorLink>元素通常包括xlink:label属性，<smArcLink>元素会引用这些标签，建立arc链接的来源和去向。

被包含于 | <smLinkGrp>

属性

ID: xsd:ID

ID: 可选，XML ID值。

1.35 <smArcLink>元素

minOccurs="1" maxOccurs="unbounded"

被包含于 | <smLinkGrp>

属性

ID: xsd:ID

ID: 可选，XML ID值。

ARCTYPE: xsd:string

本属性说明arc链接的<div>元素之间的关系以及该链接的目的或作用。它与xlink:arcrole属性类似，但数据类型是简单字符串。ARCTYPE没有xlink指定的意义，而且当需要指定arc链接的作用或目的时，xlink:arcrole必须使用。

ADMID: xsd:IDREFS 可选

ADMID: 可选，是本METS文档中与该文件相关的管理元数据的XML ID值的列表。

1.36 <behaviorSec>元素

type="behaviorSecType" minOccurs="0" maxOccurs="unbounded"

可以包含 | <behaviorSec> | <behavior>

被包含于 | <mets> | <behaviorSec> | <behaviorSec>

属性

ID: xsd:ID 可选

ID: 可选，XML ID值。

CREATED: xsd:dateTime 可选

CREATED: 可选，时间型，指明behaviorSec的创建时间。

LABEL: xsd:string 可选

LABEL: 可选，字符串型，提供behaviorSec的文字描述。

1.37 <behavior>元素

type="behaviorType" minOccurs="0" maxOccurs="unbounded"

可以包含 | <interfaceDef> | <mechanism>

被包含于 | <behaviorSec> | <behaviorSec>

属性

ID: xsd:ID 必备

ID: 必备，XML ID值。

STRUCTID: xsd:IDREFS 必备

STRUCTID: 结构图标识符列表（Structural Map IDS）。是指向METS文档structMap中的某些节（sections）或部分（divs）的IDREF列表。STRUCTID属性所指向的内容，被作为可执行行为（在<behavior>中定义）的“输入”。

BTYPE: xsd:string 可选

BTYPE: 行为类型（Behavior Type）。可选，字符串型，提供指定的一系列相关行为的标识符。

CREATED: xsd:dateTime 可选

CREATED: 可选，时间型，指明behavior的创建日期。

LABEL: xsd:string 可选

LABEL: 可选，字符串型，提供behavior的描述。

GROUPID: xsd:string 可选

GROUPID: 可选，字符串型，提供一个标识符，用来建立behavior之间的联系。典型情形如表示behavior的版本情况。

ADMID: xsd:IDREFS 可选

ADMID:可选，列出METS文档中关于该behavior的所有管理元数据的XML ID值。

1.38 <interfaceDef>元素

type="objectType" minOccurs="0"

interfaceDef: 接口定义对象（interface definition object）。

接口定义元素包含指向一组相关行为（behaviors）的抽象定义的指针，这些抽象行为可以关联METS的内容。接口定义元素是指向另一对象（接口定义对象）的指针。接口定义对象可以是另一个METS对象或其他实体（如WSDL文件）。理想情况下，接口定义对象应该包含描述一组行为（behavior）或方法（method）的元数据，也可以包含描述行为（behavior）用途的文件，可能还有该接口定义用其他方式表述的文件。interfaceDef元素是可选的，因为有时接口定义可以从behavior的<mechamism>元素中得到（参见<behaviorSec>的<mechanism>元素）。

被包含于 | <behavior>

属性

ID: xsd:ID 可选

ID: 可选，XML ID值。

LABEL: xsd:string 可选

LABEL: 可选，字符串型，提供被链接对象的描述。

attributeGroup ref:LOCATION

LOCTYPE: 必备 | ARK | URN | URL | PURL | HANDLE | DOI | OTHER

LOCTYPE: 定位器类型（Location Type）。定位器的类型，指向某文件，可取值如下：

URN: 统一资源名称（Uniform Resource Name）。

URL: 统一资源定位器（Uniform Resource Locator）。

PURL: 永久URL（Persistent URL）。

HANDLE: CNRI句柄（CNRI Handle）。

DOI: DOI标识符（数字对象标识符，A Digital Object Identifier）。

OTHER: 上述不包括的其他类型指示器。

OTHERLOCTYPE: xsd:string 可选

OTHERLOCTYPE: 可选，字符串型，当LOCTYPE取值“OTHER”时，用于指明LOCTYPE的类型。

attributeGroup ref:xlink:simpleLink

1.39 <mechanism>元素

type="objectType"

mechanism: 可执行机制（executable mechanism）。

<mechanism>元素包含一个指针，此指针指向接口定义中行为的实现代码模块。<mechanism>元素可能是指向另一对象（mechanism对象）的指针。mechanism对象可以是另一个METS对象或其他实体（如WSDL文件）。mechanism对象应该包括可执行代码，可执行代码指针，或网络服务（如web服务）。

被包含于 | <behavior>

属性

ID: xsd:ID 可选

ID: 可选，XML ID值。

LABEL: xsd:string 可选

LABEL: 可选，字符串型，提供被链接对象的描述。

attributeGroup ref:LOCATION

LOCTYPE: 必备 | ARK | URN | URL | PURL | HANDLE | DOI | OTHER

LOCTYPE: 定位器类型（Location Type）。定位器的类型，指向某文件，可取值如下：

URN: 统一资源名称（Uniform Resource Name）。

URL: 统一资源定位器（Uniform Resource Locator）。

PURL: 永久URL（Persistent URL）。

HANDLE: CNRI句柄（CNRI Handle）。

DOI: DOI标识符（数字对象标识符，A Digital Object Identifier）。

OTHER: 上述不包括的其他类型指示器。

OTHERLOCTYPE: xsd:string 可选

OTHERLOCTYPE: 可选，字符串型，当LOCTYPE取值“OTHER”时，用于指明LOCTYPE的类型。

attributeGroup ref:xlink:simpleLink

1.40 <mdRef>元素

minOccurs="0"

mdRef: 元数据引用（metadata reference）。

<mdRef>是METS schema的通用元素，用来提供指向METS文档之外的某元数据的指针。<mdRef>是空元素。元数据的位置必须记录在xlink：href属性中，如需要则辅以XPTR属性。

被包含于 | <dmdSec> | <techMD> | <rightsMD> | <sourceMD> | <digiprovMD>

属性

ID: xsd:ID 可选

ID: 可选，XML ID值。

MIMETYPE: xsd:string 可选

MIMETYPE: 可选，字符串型，提供被指向元数据的MIME类型。

LABEL: xsd:string 可选

LABEL: 可选，字符串型，为METS文档浏览者提供此元数据的标签。

XPTR: xsd:string 可选

XPTR: 可选，字符串型，提供<mdRef>元素所指向的文件的某内部位置的xptr指针。必要时使用。

attributeGroup ref:LOCATION

LOCTYPE: 必备 | ARK | URN | URL | PURL | HANDLE | DOI | OTHER

LOCTYPE: 定位器类型（Location Type）。定位器的类型，指向某文件，可取值如下：

URN: 统一资源名称（Uniform Resource Name）。

URL: 统一资源定位器（Uniform Resource Locator）。

PURL: 永久URL（Persistent URL）。

HANDLE: CNRI句柄（CNRI Handle）。

DOI: DOI标识符（数字对象标识符，A Digital Object Identifier）。

OTHER: 上述不包括的其他类型指示器。

OTHERLOCTYPE: xsd:string 可选

OTHERLOCTYPE: 可选，字符串型，当LOCTYPE取值“OTHER”时，用于指明LOCTYPE的类型。

attributeGroup ref:xlink:simpleLink

attributeGroup ref:METADATA

MDTYPE: 必备 | MARC | MODS | EAD | DC | NISOIMG | LC-AV | VRA | TEIHDR | DDI | FGDC | LOM | PREMIS | OTHER

MDTYPE: 必备，指明所指的元数据类型（如MARC、EAD等），可取值如下：

MARC: 任何形式的MARC记录。

MODS: 美国国会图书馆的MODS元数据格式。

EAD: 编码档案描述的检索工具（finding aid）。

DC: 都柏林核心元数据。

NISOIMG: NISO数字静止图像的技术元数据（NISO Technical Metadata for Digital Still Images）。

LC-AV: 美国国会图书馆“音视频原型系统”中定义的技术元数据。

VRA: 可视资源协会核心（Visual Resources Association Core）。

TEIHDR: TEI头（Text Encoding Initiative Header）。

DDI: 数据文档倡议。

FGDC: 联邦地理数据委员会元数据（Federal Geographic Data Committee metadata）。

OTHER: 以上未涉及的元数据。

OTHERMDTYPE: xsd:string 可选

OTHERMDTYPE: 其他元数据类型（Other Metadata Type）。可选，字符串型，记录此元素引用的特殊的元数据格式，当MDTYPE取值为“OTHER”时使用。

attributeGroup ref:LOCATION

LOCTYPE: 必备 | ARK | URN | URL | PURL | HANDLE | DOI | OTHER

LOCTYPE: 定位器类型（Location Type）。定位器的类型，指向某文件，可取值如下：

URN: 统一资源名称（Uniform Resource Name）。

URL: 统一资源定位器（Uniform Resource Locator）。

PURL: 永久URL（Persistent URL）。

HANDLE: CNRI句柄（CNRI Handle）。

DOI: DOI标识符（数字对象标识符，Digital Object Identifier）。

OTHER: 上述不包括的其他类型指示器。

OTHERLOCTYPE: xsd:string 可选

OTHERLOCTYPE: 可选，字符串型，当LOCTYPE取值为“OTHER”时，用于指明LOCTYPE的类型。

attributeGroup ref:xlink:simpleLink

attributeGroup ref:METADATA

MDTYPE: 必备 | MARC | MODS | EAD | DC | NISOIMG | LC-AV | VRA | TEIHDR | DDI | FGDC | LOM | PREMIS | OTHER

MDTYPE: 必备，指明所指的元数据类型（如MARC，EAD等），可取值如下：

MARC: 任何形式的MARC记录。

MODS: 美国国会图书馆的MODS元数据格式。

EAD: 编码档案描述的检索工具（finding aid）。

DC: 都柏林核心元数据。

NISOIMG: NISO数字静止图像的技术元数据（NISO Technical Metadata for Digital Still Images）。

LC-AV: 美国国会图书馆“音视频原型系统”中定义的技术元数据。

VRA: 可视资源协会核心（Visual Resources Association Core）。

TEIHDR: TEI头（Text Encoding Initiative Header）。

DDI: 数据文档倡议。

FGDC: 联邦地理数据委员会元数据（Federal Geographic Data Committee metadata）。

OTHER: 以上未涉及的元数据。

OTHERMDTYPE: xsd:string 可选

OTHERMDTYPE: 其他元数据类型（Other Metadata Type）。可选，字符串型，记录此元素引用的特殊的元数据格式，当MDTYPE取值为“OTHER”时使用。

1.41 <mdWrap>元素

minOccurs="0"

mdWrap: 元数据包装器（metadata wrapper）。

<mdWrap>元素是贯穿METS schema的通用元素，以便在METS文档内允许编码器内置任何符合其他标准或schema的元数据。内置的元数据既可以用XML编码直接放在<mdWrap>元素内，也可以用Base64编码后放在子元素<binData>内。

可以包含 | <binData> | <xmlData>

被包含于 | <dmdSec> | <techMD> | <rightsMD> | <sourceMD> | <digiprovMD>

属性

ID: xsd:ID 可选

ID: 可选，XML ID值。

MIMETYPE: xsd:string 可选

MIMETYPE: 可选，字符串型，提供本元素包含的元数据的MIME类型。

LABEL: xsd:string 可选

LABEL: 可选，字符串型，为METS文档浏览者提供此元数据的标签。

attributeGroup ref:METADATA

MDTYPE: 必备 | MARC | MODS | EAD | DC | NISOIMG | LC-AV | VRA | TEIHDR | DDI | FGDC | LOM | PREMIS | OTHER

MDTYPE: 必备，指明所指的元数据类型（如MARC，EAD等），可取值如下：

MARC: 任何形式的MARC记录。

MODS: 美国国会图书馆的MODS元数据格式。

EAD: 编码档案描述的检索工具（finding aid）。

DC: 都柏林核心元数据。

NISOIMG: NISO数字静止图像的技术元数据（NISO Technical Metadata for Digital Still Images）。

LC-AV: 美国国会图书馆“音视频原型系统”中定义的技术元数据。

VRA: 可视资源协会核心（Visual Resources Association Core）。

TEIHDR: TEI头（Text Encoding Initiative Header）。

DDI: 数据文档倡议。

FGDC: 联邦地理数据委员会元数据（Federal Geographic Data Committee metadata）。

OTHER: 以上未涉及的元数据。

OTHERMDTYPE: xsd:string 可选

OTHERMDTYPE: 其他元数据类型（Other Metadata Type）。可选，字符串型，记录此元素引用的特殊的元数据格式，当MDTYPE取值为“OTHER”时使用。

attributeGroup ref:METADATA

MDTYPE: 必备 | MARC | MODS | EAD | DC | NISOIMG | LC-AV | VRA | TEIHDR | DDI | FGDC | LOM | PREMIS | OTHER

MDTYPE: 必备，指明所指的元数据类型（如MARC，EAD等），可取值如下：

MARC: 任何形式的MARC记录。

MODS: 美国国会图书馆的MODS元数据格式。

EAD: 编码档案描述的检索工具（finding aid）。

DC: 都柏林核心元数据。

NISOIMG: NISO数字静止图像的技术元数据（NISO Technical Metadata for Digital Still Images）。

LC-AV: 美国国会图书馆“音视频原型系统”中定义的技术元数据。

VRA: 可视资源协会核心（Visual Resources Association Core）。

TEIHDR: TEI头（Text Encoding Initiative Header）。

DDI: 数据文档倡议。

FGDC: 联邦地理数据委员会元数据（Federal Geographic Data Committee metadata）。

OTHER: 以上未涉及的元数据。

OTHERMDTYPE: xsd:string 可选

OTHERMDTYPE: 其他元数据类型（Other Metadata Type）。可选，字符串型，记录此元素引用的特殊的元数据格式，当MDTYPE取值为“OTHER”时使用。

1.42 <binData>元素

type="xsd:base64Binary" minOccurs="0"

binData: 用以包容BASE64编码的元数据的包装器。

被包含于 | <mdWrap> | <FContent>

1.43 <xmlData>元素

minOccurs="0"

xmlData: 用以包容XML编码的元数据的包装器。

被包含于 | <mdWrap> | <FContent>

1.44 <FLocat>元素

minOccurs="0" maxOccurs="unbounded"

FLocat: 文件位置（File Location）。

本元素提供指向内容文件某位置的指针。它使用XLink语法，提供指向内容文件实际位置的链接信息，同时还有一些附加属性，附加说明链接信息。

注意：<FLocat>是空元素，资源指向的位置必须存放在xlink：href元素中。

被包含于 | <file> | <file>

属性

ID: xsd:ID 可选

ID: 可选，XML ID值。

USE: xsd:string 可选

USE: 可选，字符串型，指明该引用文件的用途。

attributeGroup ref:LOCATION

LOCTYPE: 必备 | ARK | URN | URL | PURL | HANDLE | DOI | OTHER

LOCTYPE: 定位器类型（Location Type）。定位器的类型，指向某文件，可取值如下：

URN: 统一资源名称（Uniform Resource Name）。

URL: 统一资源定位器（Uniform Resource Locator）。

PURL: 永久URL（Persistent URL）。

HANDLE: CNRI句柄（CNRI Handle）。

DOI: DOI标识符（数字对象标识符，A Digital Object Identifier）。

OTHER: 上述不包括的其他类型指示器。

OTHERLOCTYPE: xsd:string 可选

OTHERLOCTYPE: 可选，字符串型，当LOCTYPE取值“OTHER”时，用于指明LOCTYPE的类型。

attributeGroup ref:xlink:simpleLink

attributeGroup ref:LOCATION

LOCTYPE: 必备 | ARK | URN | URL | PURL | HANDLE | DOI | OTHER

LOCTYPE: 定位器类型（Location Type）。定位器的类型，指向某文件，可取值如下：

URN: 统一资源名称（Uniform Resource Name）。

URL: 统一资源定位器（Uniform Resource Locator）。

PURL: 永久URL（Persistent URL）。

HANDLE: CNRI句柄（CNRI Handle）。

DOI: DOI标识符（数字对象标识符，Digital Object Identifier）。

OTHER: 上述不包括的其他类型指示器。

OTHERLOCTYPE: xsd:string 可选

OTHERLOCTYPE: 可选，字符串型，当LOCTYPE取值“OTHER”时，用于指明LOCTYPE的类型。

attributeGroup ref:xlink:simpleLink

1.45 <FContent>元素

minOccurs="0"

FContent: 文件内容（file content）。

本元素能把内容文件（a content file）放在METS文件内部。内容文件必须是BASE64编码（用binData包装器子元素）或XML形式的（用xmlData包装器子元素）。

可以包含 | <binData> | <xmlData>

被包含于 | <file> | <file>

属性

ID: xsd:ID 可选

ID: 可选，XML ID值。

USE: xsd:string 可选

USE: 可选，字符串型，指明内嵌文件的用途（如图像的主文件、参考文件、缩略图等）。

1.46 <binData>元素

type="xsd:base64Binary" minOccurs="0"

binData: 用以包容BASE64编码的元数据的包装器。

被包含于 | <mdWrap> | <FContent>

1.47 <xmlData>元素

minOccurs="0"

xmlData: 用以包容XML编码的元数据的包装器。

被包含于 | <mdWrap> | <FContent>

1. 48 <stream>元素

minOccurs="0" maxOccurs="unbounded"

stream: 字节流（component byte stream）。

一个文件可以由一个或多个子字节流组成。比如，一个MPEG4文件，可能包含独立的音频字节流和视频字节流，而每一个字节流都有与其关联的技术元数据。

被包含于 | <file> | <file>

属性

ID: xsd:ID 可选

ID: 可选，XML ID值。

streamType: xsd:string 可选

OWNERID: xsd:string 可选

OWNERID: 可选,字符串型，可用来提供文件的唯一标识符（包括URI在内），但可以与检索用的URI相异。

ADMID: xsd:IDREFS 可选

ADMID: 可选，为XML ID属性值列表，对应于该文件在METS文档中的管理元数据。

DMDID: xsd:IDREFS 可选

DMDID: 可选，为XML ID属性值列表，对应于该文件在METS文档中的描述元数据。

1. 49 <transformFile>元素

minOccurs="0" maxOccurs="unbounded"

被包含于 | <file> | <file>

属性

ID: xsd:ID 可选

ID: 可选，XML ID值。

TRANSFORMTYPE: 必备 | decompression | decryption

TRANSFORMTYPE: 文件转换的类型（该文件转换使文件易用，包括解压文件为多个文件/字节流）。

TRANSFORMALGORITHM: xsd:string 必备

TRANSFORMALGORITHM: 字符串型，描述对该文件解压或解密的例程。

TRANSFORMKEY: xsd:string 可选

TRANSFORMKEY: 对文件内容进行转换的算法中使用的键。

TRANSFORMBEHAVIOR: xsd:IDREF 可选

TRANSFORMBEHAVIOR: 指向该转换的behavior元素的IDREF。

TRANSFORMORDER: xsd:positiveInteger 必备

1. 50　<file>元素

type="fileType" minOccurs="0" maxOccurs="unbounded"

可以包含 | <FLocat> | <FContent> | <stream> | <transformFile> | <file>

被包含于 | <fileGrp> | <fileGrp> | <file> | <file>

属性

ID: xsd:ID 必备

ID: 必备，XML ID值。

MIMETYPE: xsd:string 可选

MIMETYPE: 可选，字符串型，提供文件的MIME类型。

SEQ: xsd:int 可选

SEQ: 可选，整型，指明本文件在其文件组中的序号。

SIZE: xsd:long 可选

SIZE: 可选，长整型，指明文件的长度（字节数）。

CREATED: xsd:dateTime 可选

CREATED: 可选，时间型，指明文件的创建时间。

CHECKSUM: xsd:string 可选

CHECKSUM: 可选，字符串型，提供内含文件的校验码。

CHECKSUMTYPE: 可选 | HAVAL | MD5 | SHA-1 | SHA-256 | SHA-384 | SHA-512 | TIGER | WHIRLPOOL

CHECKSUMTYPE: 可选，指明产生CHECHSNM校验值的校验算法。可取值如下：

HAVAL

MD5

SHA-1

SHA-256

SHA-384

SHA-512

TIGER

WHIRLPOOL

OWNERID: xsd:string 可选

OWNERID: 可选，字符串型，为文件提供唯一标识符（包括URI），可以不同于用于检索该文件的URI。

ADMID: xsd:IDREFS 可选

ADMID: 可选，是本METS文档中与该文件相关的管理元数据的XML ID值的列表。

DMDID: xsd:IDREFS 可选

DMDID: 是本METS文档中与该文件相关的描述元数据的XML ID值的列表。

GROUPID: xsd:string 可选

GROUPID: 可选，字符串型。是一个标识符，用于在本文件与其他文件组中的文件建立联系。比如，某文件组的主图像文件和第二个文件组中的引用副本文件，并和第三个文件组中的缩略图文件可以具有同一个GROUPID。

USE: xsd:string 可选

USE: 可选，字符串型，指明该文件的用途（如图像的主文件、参考文件、缩略图等）。

2 复合类型

2.1 复合类型metsType

属于此类型的元素 | <mets>

mets复合类型（mets Complex Type）。

一个METS文档由7个子节（sections）构成：metsHdr（METS文档头），dmdSec（描述元数据节），amdSec（管理元数据节），fileGrp（文件组），structLink（结构图链接），structMap（结构图）和behaviorSec（行为节）。

可以包含 | <metsHdr> | <dmdSec> | <amdSec> | <fileSec> | <structMap> | <structLink> | <behaviorSec>

属性

ID: xsd:ID 可选

ID: 可选，XML ID值。

OBJID: xsd:string 可选

OBJID: 可选，记录赋予METS文档的根标识符。

LABEL: xsd:string 可选

LABEL: 可选，提供为用户标识该文档的标题/文本。

TYPE: xsd:string 可选

TYPE: 可选，字符串型，描述对象的类型，如图书、杂志、立体照片等。

PROFILE: xsd:string 可选

PROFILE: 可选，提供本METS文档遵循的应用纲要的URI或其他标识符。

2.2 复合类型amdSecType

属于此类型的元素 | <amdSec>

amdSecType: 管理元数据的复合类型（Complex Type for Administrative Metadata）。

管理元数据节可以包含以下4个子节：techMD（文本/图像/音频/视频文件的技术元数据）、rightsMD（知识产权元数据）、sourceMD（模拟/数字资源元数据）和digiprovMD（数字起源元数据，即把数字对象从原始获取 /编码文件进行移植/转换的历史）。

可以包含 | <techMD> | <rightsMD> | <sourceMD> | <digiprovMD>

属性

ID: xsd:ID 可选

ID: 可选，XML ID值。

2.3 复合类型fileGrpType

属于此类型的元素 | <fileGrp> | <fileGrp>

fileGrp: 文件组（File Group）。

文件组把构成一个数字对象的所有文件按层次关系聚合在一起（fileGrp通过递归定义构建层次关系），文件组可以包含任意数目的文件元素。文件元素则依次包含一个或多个<FLocat>元素（指向该对象内容的文件指针）与/或<FContent>元素（以XML或Base64编码的文件内容）。

可以包含 | <fileGrp> | <file>

属性

ID: xsd:ID 可选

ID: 可选，XML ID值。

VERSDATE: xsd:dateTime 可选

VERSDATE: 可选，时间型，指明数字对象的此版本/文件组的创建时间。

ADMID: xsd:IDREFS 可选

ADMID: 可选，指明该METS文档中此文件组内所有文件对应的管理元数据节的 XML ID值列表。

USE: xsd:string 可选

USE: 可选，字符串型，指明本文件组内所有文件的用途（如图像的主文件、参考文件、缩略图等）。

2.4 复合类型structMapType

属于此类型的元素 | <structMap>

结构图复合类型（structMap Complex Type）。

结构图（structMap）使用一系列嵌套的<div>元素，勾划出被编码原始对象的层次结构。

可以包含 | <div>

属性

ID: xsd:ID 可选

ID: 可选，XML ID值。

TYPE: xsd:string 可选

TYPE: 可选，字符串型。指明结构图的类型，典型值是PHYSICAL和LOGICAL。PHYSICAL描述了原始作品的物理组成，如一篇论文的连续页；而LOGICAL则描述了作品的知识结构，如一篇论文有目录、前言、章节、索引等。

LABEL: xsd:string 可选

LABEL: 可选，字符串型。用于为用户描述stuctMap。类似物理结构图和逻辑结构图同时存在的情况，当一个对象有多个stuctMap（结构图）时很有用。

2.5 复合类型divType

属于此类型的元素 | <div> | <div>

div复合类型（Div Complex Type）。

METS标准用一串嵌套的<div>元素使文档结构化，形成层次。例如，书由章节组成，章节由子章节组成，子章节由文本组成。结构图层次结构中的每一个div节点，都可以通过子元素<mptr>或子元素<fptr>，关联其对应的内容文件。

关于div属性值的特别提示：

为了区别<div>元素中ORDER、ORDERLABEL和LABEL属性含义，举例如下：一个文本，前10页由罗马数字标识，后10页由阿拉伯数字标识，页码为iii的ORDER值为“3”，ORDERLABEL为“iii”，LABEL为“Page iii”，而页码为3的ORDER值为“13”，ORDERLABEL为“3”，LABEL为“PAGE 3”。

可以包含 | <mptr> | <fptr> | <div>

属性

ID: xsd:ID 可选

ID: 可选，XML ID值。

ORDER: xsd:integer 可选

ORDER: 可选，整型，表示div在其家族成员中的序号（如序列号）。

ORDERLABEL: xsd:string 可选

ORDERLABEL: 可选，字符串型，表示div在其家族成员中的次序（如“xii”）。可以不是整型数据，还可以是某种本地序数系统的序号。但是ORDERLABEL应该可被机读操作（比如支持页码的“go to”定位功能）。它不可以替代LABEL属性。

LABEL: xsd:string 可选

LABEL: 可选，字符串型标签，为浏览该文档的最终用户描述该div，作为目录。（注意：div标签应该专门对应它在结构图中的层次。以一本多章节的书为例，书的div LABEL应该是书的标题，章节的div LABEL应该是章节标题，而不是书的标题加上章节标题。）

DMDID: xsd:IDREFS 可选

DMDID: 可选，为XML ID值列表，指向此 div在METS文档内的描述元数据。

ADMID: xsd:IDREFS 可选

ADMID: 可选，为XML ID值列表，指向此 div在METS文档内的管理元数据。

TYPE: xsd:string 可选

TYPE: 可选，字符串型，指明div的类型（如章节、文章、页等）。

CONTENTIDS: URIs 可选

CONTENTIDS: 此division的ContentID（等同于DIDL DII）。

: xlink:label

xlink:label　被smLink元素引用的xlink label。

2.6　复合类型parType

属于此类型的元素 | <par> | <par>

<par>元素聚合指向文件、文件部分与/或文件或其部分序列的指针，这些文件必须同时播放或显示，以表现<fptr>元素表现的一块数字内容。

可以包含 | <area> | <seq>

属性

ID: xsd:ID 可选

ID: 可选，XML ID值。

2.7 复合类型seqType

属于此类型的元素 | <seq> | <seq>

seq: 文件顺序（Sequence of files）。

<seq>元素用于把一个div与一组内容文件联系起来，而且这些文件应该顺序地传送给用户。<seq>元素中的<area> 子元素则提供到文件或其中某部分的链接。

可以包含 | <area> | <par>

属性

ID: xsd:ID 可选

ID: 可选，XML ID值。

2.8 复合类型areaType

属于此类型的元素 | <area> | <area> | <area>

areaType: Complex Type for Area linking

<area>元素可为<div>元素及其对应的内容文件（文本，图像，音频，视频文件）之间建立比较复杂的链接。<area>元素可以把div链接到文件的某一个点，既可以是文件的一维片段（如文本屏、直线图像，音/视频剪辑），也可以是文件的二维片段（如图像子区域、视频文件的一部分）。<area>元素没有内容，所有信息均记录在各种属性中。

属性

ID: xsd:ID 可选

ID: 可选，XML ID值。

FILEID: xsd:IDREF 必备

FILEID: 该div所指文件元素的强制IDREF。

SHAPE: 可选 | RECT | CIRCLE | POLY

SHAPE: 可选，字符串型，它定义了一个二维区域的形状，此区域在一个被链接的内容文件中被引用。可取值如下：

RECT: 长方形区域

CIRCLE: 圆形区域

POLY: 不规则多边形

SHAPE属性的使用方式应该类似于HTML4中的用法。

COORDS: xsd:string 可选

COORDS: 可选，字符串型，列出图像（静态图像或视频帧）的一组可视坐标，COORDS属性的使用方式应该类似HTML4中的用法。

BEGIN: xsd:string 可选

BEGIN: 可选，字符串型，标明被引用文件中某部分的起始位置，与END属性配对使用。

END: xsd:string 可选

END: 可选，字符串型，标明被引用文件中某部分的结束位置，与BEGIN属性配对使用。

BETYPE: 可选 | BYTE | IDREF | SMIL | MIDI | SMPTE-25 | SMPTE-24 | SMPTE-DF30 | SMPTE-NDF30 | SMPTE-DF29.97 | SMPTE-NDF29.97 | TIME | TCF

BETYPE: 起始/结束类型（Begin/End Type）。

可选，指明BEGIN和END属性值的语法，可取值如下：

BYTE: 字节偏移量。

IDREF: 内容文件中某元素的XML ID值。

SMIL: SMIL格式的时间值。

MIDI: MIDI格式的时间值。

SMPTE-25: 每秒25帧素材的SMPTE时间码。

SMPTE-24: 每秒24帧素材的SMPTE时间码。

SMPTE-DF30: 每秒30帧丢帧素材的SMPTE时间码。

SMPTE-NDF30: 每秒30帧非丢帧素材的SMPTE时间码。

SMPTE-DF29.97: 每秒29.97帧丢帧素材的SMPTE时间码。

SMPTE-NDF29.97: 每秒29.97帧非丢帧素材的SMPTE时间码。

TIME: 简单时间代码，形如 HH:MM:SS。

TCF: 时间码字符格式值。

EXTENT: xsd:string 可选

EXTENT: 可选，字符串型，标明<area>元素所指向片断的时长。

EXTTYPE: 可选 | BYTE | SMIL | MIDI | SMPTE-25 | SMPTE-24 | SMPTE-DF30 | SMPTE-

NDF30 | SMPTE-DF29.97 | SMPTE-NDF29.97 | TIME | TCF

EXTTYPE: 扩展类型（Extent Type）。可选，指明EXTENT属性值的语法，参见BETYPE的取值描述部分。

ADMID: xsd:IDREFS 可选

ADMID: 可选，为XMD ID值的列表，指向本METS文档中与此area相关的所有管理元数据节。

CONTENTIDS: URIs 可选

CONTENTIDS: 此division的ContentID（等同于DIDL DII）。

2.9 复合类型structLinkType

属于此类型的元素 | <structLink>

structLink: 结构图链接（Structural Map Linking）。

结构图链接节，描述了结构图所示的METS结构内不同组件之间的超链接规范。structLink只包含一个可重复元素<smLink>。每个<structLink>元素可表示结构图的两个节点之间存在一个超链接。smLink内的结构图节点用其XML ID属性值标识。

可以包含 | <smLink> | <smLinkGrp>

属性

ID: xsd:ID 可选

ID: 可选，XML ID值。

2.10 复合类型behaviorSecType

属于此类型的元素 | <behaviorSec> | <behaviorSec>

behaviorSecType: 行为节（Behaviors Section）。

行为（Behaviors）是可执行代码，可与METS对象的某部分相关联。<behaviorSec>元素用于把某种层次内的一个个行为划分成组。当行为需要按群族归类或特定行为之间存在某种关系时，上述分组的方式就会发挥作用。

可以包含 | <behaviorSec> | <behavior>

属性

ID: xsd:ID 可选

ID: 可选，XML ID值。

CREATED: xsd:dateTime 可选

CREATED: 可选，时间型，指明behaviorSec的创建时间。

LABEL: xsd:string 可选

LABEL: 可选，字符串型，提供behaviorSec的文字描述。

2.11 复合类型behaviorType

属于此类型的元素 | <behavior>

behaviorType: 行为复合类型（Complex Type for Behaviors）。

<behavior>元素用来把可执行的行为与其METS对象内容进行关联。<behavior>元素有一个接口定义元素，它抽象定义了一系列行为，并用一个特定的行为（behavior）表示。<behavior>元素还有一个行为机制模块（behavior mechanism），它是可执行代码模块，可执行接口定义中已抽象定义的行为（behavior）。

可以包含 | <interfaceDef> | <mechanism>

属性

ID: xsd:ID 必备

ID: 必备，XML ID值。

STRUCTID: xsd:IDREFS 必备

STRUCTID: 结构图标识符列表（Structural Map IDS）。是指向METS文档structMap中的某些节（sections）或部分（divs）的IDREF列表。STRUCTID属性所指向的内容，被作为可执行行为（在behavior中定义）的“输入”。

BTYPE: xsd:string 可选

BTYPE: 行为类型（Behavior Type）。

可选，字符串型，提供指定的一系列相关行为的标识符。

CREATED: xsd:dateTime 可选

CREATED: 可选，时间型，指明behavior的创建日期。

LABEL: xsd:string 可选

LABEL: 可选，字符串型，提供behavior的描述。

GROUPID: xsd:string 可选

GROUPID: 可选，字符串型，提供一个标识符，用来建立behavior之间的联系。典型情形如表示behavior的版本情况。

ADMID: xsd:IDREFS 可选

ADMID: 可选，列出METS文档中关于该behavior的所有管理元数据的XML ID值。

2.12 复合类型objectType

属于此类型的元素 | <interfaceDef> | <mechanism>

属性

ID: xsd:ID 可选

ID: 可选，XML ID值。

LABEL: xsd:string 可选

LABEL: 可选，字符串型，提供被链接的对象的描述。

attributeGroup ref:LOCATION

LOCTYPE: 必备 | ARK | URN | URL | PURL | HANDLE | DOI | OTHER

LOCTYPE: 定位器类型（Location Type）。定位器的类型，指向某文件，可取值如下：

URN: 统一资源名称（Uniform Resource Name）。

URL: 统一资源定位器（Uniform Resource Locator）。

PURL: 永久URL（Persistent URL）。

HANDLE: CNRI句柄（CNRI Handle）。

DOI: DOI标识符（数字对象标识符，A Digital Object Identifier）。

OTHER: 上述不包括的其他类型指示器。

OTHERLOCTYPE: xsd:string 可选

OTHERLOCTYPE: 可选，字符串型，当LOCTYPE取值“OTHER”时，用于指明LOCTYPE的类型。

attributeGroup ref:xlink:simpleLink

2.13 复合类型mdSecType

属于此类型的元素 | <dmdSec> | <techMD> | <rightsMD> | <sourceMD> | <digiprovMD>

元数据节复合类型（mdSec Complex Type）。

METS文档里指向/包含元数据的通用框架（以Warwick框架的方式）。

可以包含 | <mdRef> | <mdWrap>

属性

ID: xsd:ID 必备

ID: 必备，XML ID值。

GROUPID: xsd:string 可选

GROUPID: 可选，字符串型，为组的标识符，用于表示不同的元数据节同属一个组。两个GROUPID值相同的元数据节同属一组。比如，把同一个元数据的不同版本划为一组，即可将元数据的早期版本记录在文件中，从而跟踪其变化情况。

ADMID: xsd:IDREFS 可选

ADMID: 可选，记录该描述元数据（或管理元数据）的管理元数据的XML ID值。典型用法是指向该元数据的保存元数据。

CREATED: xsd:dateTime 可选

CREATED: 可选，时间型，指明创建该元数据的日期和时间。

STATUS: xsd:string 可选

STATUS: 可选，字符串型，指明该元数据的状态（如过期、正在使用等）。

2.14 复合类型fileType

属于此类型的元素 | <file> | <file>

file: 文件元素（File element）。

本元素为METS对象存取内容文件。一个文件元素可能包含一个或多个<FLocat>元素（内容文件指针）与/或一个<FContent>元素（该文件的编码版本）。注意：同一个文件所有的<FLocat>和<FContent>元素应该标识/包含那个文件的同一个拷贝。

可以包含 | <FLocat> | <FContent> | <stream> | <transformFile> | <file>

属性

ID: xsd:ID 必备

ID: 必备，XML ID值。

MIMETYPE: xsd:string 可选

MIMETYPE: 可选，字符串型，提供文件的MIME类型。

SEQ: xsd:int 可选

SEQ: 可选，整型，指明本文件在其文件组中的序号。

SIZE: xsd:long 可选

SIZE: 可选，长整型，指明文件的长度（字节数）。

CREATED: xsd:dateTime 可选

CREATED: 可选，时间型，指明文件的创建时间。

CHECKSUM: xsd:string 可选

CHECKSUM: 可选，字符串型，提供内含文件的校验码。

CHECKSUMTYPE: 可选 | HAVAL | MD5 | SHA-1 | SHA-256 | SHA-384 | SHA-512 | TIGER | WHIRLPOOL

CHECKSUMTYPE: 可选，指明产生CHECHSNM校验值的校验算法。可取值如下：

HAVAL

MD5

SHA-1

SHA-256

SHA-384

SHA-512

TIGER

WHIRLPOOL

OWNERID: xsd:string 可选

OWNERID: 可选，字符串型，为文件提供唯一标识符（包括URI），可以不同于用于检索该文件的URI。

ADMID: xsd:IDREFS 可选

ADMID: 可选，是本METS文档中与该文件相关的管理元数据的XML ID值的列表。

DMDID: xsd:IDREFS 可选

DMDID: 是本METS文档中与该文件相关的描述元数据的XML ID值的列表。

GROUPID: xsd:string 可选

GROUPID: 可选，字符串型。是一个标识符，用于在本文件与其他文件组中的文件建立联系。比如，某文件组的主图像文件和第二个文件组中的引用副本文件，并和第三个文件组中的缩略图文件可以具有同一个GROUPID。

USE: xsd:string 可选

USE: 可选，字符串型，指明该文件的用途（如图像的主文件、参考文件、缩略图等）。

第二部分　国家数字图书馆长期保存信息包封装标准规范应用指南

1　信息包封装概述

1.1　开放存档信息系统　Open Archival Information System（OAIS）

开放存档信息系统（Open Archival Information System，OAIS）参考模型于2001年7月正式发布，2003年作为ISO标准（ISO 14721: 2003）发布。

OAIS是一个由人和系统组成的，承担信息长期保存责任并将信息提供给目标团体（Designated Community）的存档系统。自OAIS发布以来，很多数字资源长期保存的研究和开发的项目都以OAIS作为一个优先遵守的标准规范。

OAIS参考模型提供了一个完整的档案信息保存功能，它包括信息摄入（接收）、存档、数据管理、存取和分发。OAIS还论述了数字信息从一种媒体或格式到另一媒体或格式的迁移、信息表示的数据模型、信息保存中软件的作用、存档系统间的信息交换等。OAIS确立了各项功能的内部联系和与外部的接口以及一系列建立在这些接口之上的高层服务。OAIS参考模型成为数字档案系统普遍遵从的标准规范，来自图书馆、档案馆、科学数据、文化记忆等领域的相关项目和系统都纷纷以其为准，进行系统的规划和设计。

1.2　信息包　information package

OAIS信息模型围绕信息包的概念而建立。信息包由数字对象及其相关联的元数据组成，数字对象是长期保存的重点，相关的元数据支持其长期保存及访问，数据和元数据共同封装成一个逻辑包。信息包有3种：提交信息包（SIP）、存档信息包（AIP）和分发信息包（DIP）。

1.2.1　提交信息包　Submission Information Package；SIP

提交信息包（SIP）是生产者提交给OAIS的信息包，其形式和详细内容一般由生产者和OAIS双方谈判而确定。大多数SIP有一些内容信息和保存描述信息（PDI），但可能需要多个SIP提供完整的内容信息和PDI。内容信息和PDI都包含相关的表现信息，如果涉及的多个SIP具有相同的表现信息，这些信息很可能只提供一次。或者因为一些PDI适用于多个SIP，这个PDI可以通过一个不包含内容信息的SIP提供。封装信息总是以某种形式存在。

1.2.2　存档信息包　Archival Information Package；AIP

存档信息包（AIP）由内容信息及其相关的保存描述信息（PDI）构成，保存于OAIS系统中。

SIP进入OAIS后，其形式和内容可能会发生变化。OAIS不必以SIP的格式保留信息，以提交的形式保存可能并不合适。比如存储提交图像的计算机介质过时了，图像必须复制到另一种更新的介质上。生产者不能提供的唯一标识符等信息，也必须在摄入过程中输入。

1.2.3　分发信息包　Dissemination Information Package；DIP

分发信息包（DIP）来源于一个或多个AIP，由OAIS发送给消费者。DIP根据消费者的请求发送，可能是AIP的所有或部分。DIP和AIP在形式和内容上可能都有不同。两者的区别包括内容格式（如在分发前，一个图像文件可能会从TIFF格式转换为JPEG格式）、内容总量（一个DIP可能相当于一个AIP、多个AIP，甚至是一个AIP的一部分）、随内容提供的元数据数量（很可能DIP不包含一个存档数字对象的所有元数据集，因为消费者对其中很多元数据没什么兴趣）。

SIP、AIP和DIP的相互关系如图1所示。

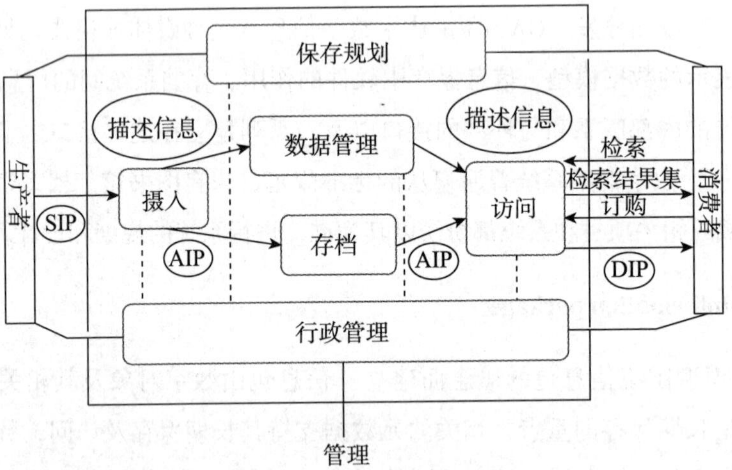

图 1　OAIS 参考模型框架

1.3　封装　packaging

内容信息和保存描述信息代表了存档数字内容、对其呈现和理解所需的元数据以及支持其长期保存所需的元数据。封装信息用于将这些信息绑定在一个逻辑包中。封装信息将AIP的各部分相关联，使其可以在存档系统中作为一个逻辑单位被识别和定位。

描述信息可以使目标群体通过OAIS的检索工具，对内容信息进行检索。

内容信息（内容数据对象和表现信息）、保存描述信息（引用、上下文、出处、固定信息）、封装信息和描述信息共同组成AIP，依次代表保存数字对象及其相关的元数据。

由于AIP是长期保存的重点，本应用指南主要围绕AIP展开。AIP中包括内容信息、保存描述信息、封装信息和描述信息，如图2所示。

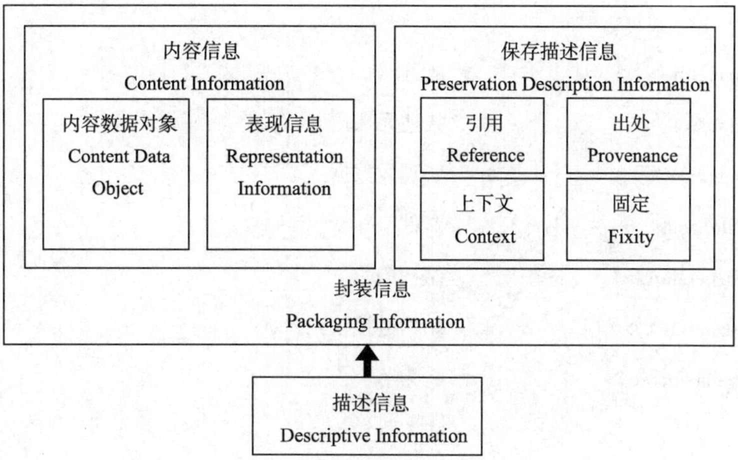

图 2　AIP 的内容构成

1.4　元数据编码与传输标准　Metadata Encoding and Transmission Standard；METS

MOA2（The Making of America II）项目提出了一种针对文本和图像为主的描述元数据、管理元数据和结构元数据的编码格式。由美国数字图书馆联盟（Digital Library Federation）倡导的METS，则致力于在MOA2基础上提供一种元数据编码的XML文档格式，它不但适于仓储内部数字对象的管理，而且适于这些对象在仓储之间（或仓储与用户之间）的交换。从METS文档的用途可见，它可以担当OAIS模型中SIP、AIP或DIP的角色。

METS是一个专门设计的XML schema框架，可以用来封装并存储数字对象及其相关元数据。METS的实施较为灵活，任何可处理XML的系统都可以用来创建、存储、传递基于METS的元数据。METS应用纲要（profile）可用来记录一个项目的METS规范。XML的开放性也使METS记录（record）不依赖于任何软件系统。

METS允许两种方式实现元数据和对象数据的封装，既可以存储在METS文件内（内部引用，通过<mdWrap>元素实现），也可以存储在METS文件外（外部引用，通过<mdRef>元素实现），并通过METS进行引用。第一种方式可将对象数据及其所有元数据进行封装，但会产生大文件；第二种方式的METS文件更易于管理，但如果被引用数字对象的存储路径改动，会带来麻烦，因而需要完善的事件注册和解析机制。不同的实施方式各有优缺点，因此在执行和应用METS之前应当确定实施的具体策略。

METS文档由METS头、描述元数据节、管理元数据节、文件节、结构图、结构链接和行为节7部分组成。METS的具体规范参见“第一部分　国家数字图书馆长期保存信息包封装标准规范”。下面一段代码即为一个METS文档的基本框架。其中只有结构图为必备项，其他都是可选的。

```
<mets:mets>
    <mets:metHdr />            METS头
    <mets:dmdSec />            描述元数据
    <mets:amdSec />            管理元数据
    <mets:fileSec />           文件节
    <mets:structMap />         结构图
    <mets:structLink />        结构链接
    <mets:behaviorSec />       行为节
</mets:mets>
```

2　在 METS 节引用 PREMIS

2.1　概述

对于长期保存系统的信息包封装而言，保存元数据（PREMIS）尤为重要。在METS各节引用PREMIS有几点注意事项。

首先，应明确编写METS文件的目的是为了实现存储、服务还是编码传递。这是由METS标准本身的特点决定的。METS是为了实现数字资源长期保存系统中的信息交互而设计的。当METS文件仅为SIP时，受到的限制可能会少一些，因为系统只需要数据元素就够了。而当METS文件充当DIP时，受到的限制更多，系统需要更权威的元数据。

其次，在应用之前，必须决策是否将PREMIS元数据分散在各个子模块中。如果分散放置，需要决定4种不同类型的PREMIS实体（即技术、权利、来源、数字起源）与METS如何对应。

最后，如何处理METS元素与PREMIS语义单元之间的冗余，在应用的过程中也需要决策。

2.2　METS元素与PREMIS语义单元之间的对应关系

在确定METS元素与PREMIS语义单元之间的对应关系时，应首先判断是否将PREMIS语义单元分散放置。PREMIS元数据可以全部置于METS管理元数据节下，也可以分别放在不同的元数据节下。PREMIS第一层数据元素应该用于METS下列节中：

premis:object：放在techMD或digiProvMD下；

premis:event：放在digiProvMD下；

premis:rights：放在rightsMD下；

premis:agent：放在digiProvMD或rightsMD下。

如果所有单元一起使用，整个信息包将放在digiProvMD下，以<premis>元素作为容器。

2.3 使用节的数目

可以使用一个管理元数据节<amdSec>，其下包含重复的子元素（如techMD等）；也可以在每个METS的子元素下使用重复的<amdSec>。至于使用哪一种方式，由实施者而定。

如果premis:agent和一个事件或权利一起使用，则应置于其自身的digiProvMD或rightsMD节下，因为这能使冗余度降到最低。来自于不同schema的技术元数据可以放在单独的techMD节中，特定格式的元数据可以包括在PREMIS元数据中，放在premis:object的objectCharacteristicsExtension下。

2.4 METS和PREMIS的冗余处理

特定格式的技术元数据schema（如MIX）包括的数据元素同时也可以在PREMIS内，这时便会出现冗余。在METS中，特定格式schema的数据可以被用在单独的techMD节中，使用MDTYPE或OTHERMDTYPE属性指出其元数据类型。

如果一个元素既可以被定义为PREMIS元素，也可以在METS schema中定义（通常为属性元素），也会出现冗余。

实施者应该考虑元数据的使用（如展示或保存），决定使用和选择冗余记录时考虑主要使用METS（用于展示）还是PREMIS（用于保存）。其他需考虑的问题还有哪种schema的表达内容更广泛。在大多数情况下（除了METS的结构元数据相比起PREMIS有优势以外），PREMIS元素更为详细（如格式）。当元数据的使用不明确或展示和保存同等重要时，宁可数据冗余，也要把PREMIS和METS两者都包括。实施者应该在profile中记录在实际应用时对冗余的处理。

2.5 METS结构图与PREMIS structural relationship元素

层级结构关系应根据METS schema和原则详细记录为嵌套的<div>元素，因为它揭示的信息比PREMIS语义单元提供的更为丰富。如果交换对象的范围仅为保存，实施者还应该在对象schema中使用PREMIS关系元素表示结构关系。PREMIS关系元素应该一直用于关系的衍生类型。

2.6 METS ID/IDREF与PREMIS identifier元素

使用PREMIS和METS在元素之间建立链接的方式很多。在PREMIS中，标识有很多单独的数据元素，如objectIdentifier、eventIdentifier、agentIdentifier和rightsStatementIdentifier。另外还有在PREMIS实体之间建立链接的标识。

此外，在PREMIS schema中，还提供了ID/IDREF，在PREMIS相关元素之间建立链接，如RelObjectXmlID、LinkEventXmlID、LinkPermissionStatementXmlID、RelEventXmlID、linkingObjectXmlID、LinkAgentXmlID、GrantAgentXmlID等。METS也提供ID/IDREF，在文件及其相关元数据之间建立链接。

3 基于 METS 的 AIP 封装

3.1 METS根元素

METS根元素有5个可选属性：ID（对象标识）、OBJID（为METS文档分配的唯一标识）、LABEL（文本标注）、TYPE（对象类型）以及PROFILE（该METS文档注册执行的标准）。

ID是国家数字图书馆为该METS文档分配的唯一标识。OBJID是国家数字图书馆为长期保存系统内的数字对象分配的唯一标识。LABEL是为该数字对象取的标签。PROFILE列出METS文档遵循的纲要（profile）。

表1 METS根元素

元素 / 属性	可重复性 / 必备性	规则与推荐规范
<mets>	不可重复　必备	必须包含 PROFILE 属性及 <metsHdr> 元素
PROFILE	不可重复　必备	在 METS 中可选。该属性值待确定，可暂定为“中国国家数字图书馆信息包封装规范”
OBJID	不可重复　必备	在 METS 中可选。必须有分配给 METS 文档的主要标识符。该标识符在仓储中必须是唯一的，但不一定是全局唯一
ID、LABEL、TYPE	不可重复　可选	无推荐项

示例：

METS文档是一个XML文档。在文档开始需注明采用的XML版本和编码方式（UTF-8、GB 2312等）、METS文档中所遵循的所有标准（包括标准的版本）及其URL、国家数字图书馆长期保存系统为该数字对象分配的唯一标识OBJID（可以是URN等）以及一个描述资源的可读性标签。

本例采用了XML 1.0版本、UTF-8编码方式、METS、MODS等标准规范。国家数字图书馆可以根据自身的实际情况制定自己适用的profile，并在XML命名域和XML schema实例（XSI）中加以引用。该METS文档中需要遵循的各种元数据规范（如国家图书馆专门元数据规范、国家图书馆管理元数据规范等）也需要一一列出。OBJID可以是国家图书馆为长期保存系统的数字对象分配的统一资源名称（URN），在长期保存系统内为唯一。LABEL可以是数字对象的标题，有助于对该XML文档的理解。

<!–说明XML版本为1.0，使用编码方式为UTF-8。-->

```
<?xml version="1.0" encoding="UTF-8"?>
```

<!--说明XML命名域（包括METS、MODS、xLink、XSI等）、所用标准规范（METS、MODS等。国家图书馆标准规范可以在此揭示），以及对象标识等。-->

```
<mets:mets xmlns:mets="http://www.loc.gov/METS/"
xmlns:mods="http://www.loc.gov.mods/v3"
xmlns:xlink="http://www.w3.org/1999/xlink"
xmlns:xsi="http://www.w3.org/2001/XMLSchema-instance"
xsi:schemaLocation="http://www.loc.gov/METS/
http://www.loc.gov/standards/mets/mets.xsd http://www.loc.gov/mods/v3
http://www.loc.gov.mods/v3/mods-3-1.xsd" OBJID="xxx:/xxxx/xxxx" LABEL="民国图书">
```

3.2 METS头元素

METS头元素简要记录关于METS文档中METS对象本身的描述元数据，包括METS文档的创建日期、上次修改日期以及METS文档的状态，也可以记录若干承担过与该METS文档有关的某种任务的代理（agent），注明他们扮演的角色，再为其活动附上小说明等。METS头元素还可以记录多种该METS文档的其他标识，补充METS文档的主要标识（记录在METS根元素的OBJID属性中）。

表2 METS头

元素 / 属性	可重复性 / 必备性	规则与推荐规范
<metsHdr>	不可重复　必备	必须包含 CREATEDATE 及 LASTMODDATE 属性
CREATEDATE	不可重复　必备	在 METS 中可选，本指南中必备
LASTMODDATE	不可重复　必备	在 METS 中可选，本指南中必备
ID、RECORDSTATUS	不可重复　可选	无推荐项
-<agent>	可重复　必备	必须有一个代理实例是建立 METS 文档的机构，有一个实例是建立 METS 文档的软件及其版本。其他代理实例为可选
ROLE	不可重复　必备	METS 中要求必备。对于机构，采用“CUSTODIAN”（托管者）；对于软件及其版本，采用“EDITOR”。如果有负责的个人，建议取值为“CREATOR”
-<name>	不可重复　必备	必须包含适当的机构和软件及其版本的名称
-<note>	可重复　可选	无推荐项
-<altrecordID>	可重复　可选	无推荐项

示例：

在本例中，其他记录ID使用的是国家数字图书馆长期保存系统的内部标识符编码，并说明如何在文件中设置各种不同角色的代理。

```
<!--METS文档的创建日期、最后修改日期、记录状态等。-->
<mets:metsHdr CREATEDATE="2004-02-22T00:00:00"
LASTMODDATE="2004-03-16T00:00:00" RECORDSTATUS="production">
    <!--中国知网（METS文档的创建者）向国家数字图书馆提交SIP。-->
    <mets:agent ROLE="CREATOR" TYPE="ORGANIZATION">
        <mets:name>中国知网</mets:name>
        <mets:note>中国知网向中国国家数字图书馆提交SIP。</mets:note>
    </mets:agent>
    <!--国家数字图书馆（METS文档的保存机构）的保存职能。-->
    <mets:agent ROLE="PRESERVATION" TYPE="ORGANIZATION">
        <mets:name>中国国家数字图书馆</mets:name>
        <mets:note>SIP及附属文件存储于保存仓储。</mets:note>
    </mets:agent>
    <!--国家数字图书馆的编辑职能。-->
    <mets:agent ROLE="EDITOR" TYPE="ORGANIZATION">
        <mets:name>中国国家数字图书馆</mets:name>
        <mets:note>创建DIP。</mets:note>
    </mets:agent>
    <!--国家数字图书馆的分发职能。-->
    <mets:agent ROLE="DISSEMINATOR" TYPE="ORGANIZATION">
        <mets:name>中国国家数字图书馆</mets:name>
        <mets:note>分发到公共网络。</mets:note>
    </mets:agent>
    <!--其他记录ID（可由国家数字图书馆统一指定）。-->
    <mets:altRecordID TYPE="NLC">xxxxxxx</altRecordID>
</mets:metsHdr>
```

3.3 描述元数据节<dmdSec>

METS文档的描述元数据节由一个或多个<dmdSec>元素组成。每个<dmdSec>元素可以包含一个指向外部元数据的指针（<mdRef>元素），也可以包含内嵌元数据（嵌在<mdWrap>元素内），或二者兼备。

表3 描述元数据节

元素 / 属性	可重复性 / 必备性	规则与推荐规范
<dmdSec>	可重复 必备	<dmdSec>用于数字对象及其构成文件的书目描述和主题分析，一个元数据记录对应一个<dmdSec>
		使用不同schema描述同一对象或部分的多个元数据记录应记录在不同的<dmdSec>，通过GROUPID属性相连接
		整个数字对象的元数据记录必须至少有一个<dmdSec>。<dmdSec>中的描述元数据必须符合国家数字图书馆描述元数据规范
		如可能，强烈推荐包含其他粒度更细的元数据记录（使用其他schema或命名域）
		每个<dmdSec>必须包含一个<mdWrap>元素
ID	不可重复 必备	METS要求必备
GROUPID	不可重复 可选	用于区分多个（使用不同schema）描述同一数字对象或部分的元数据记录
AMDID、CREATED、STATUS	不可重复 可选	无推荐项
-<mdWrap>	不可重复 必备	参见3.4小节<mdWrap>元素组部分
-<mdRef>	–	本应用指南不支持

示例：

下面是一个外部元数据引用实例，通过URL指向了外部电子图书描述元数据（元数据类型暂定为NLCDMD_EBOOK，国家数字图书馆可以根据实际情况指定相应的URL）。

```
<mets:dmdSec ID="dmd001">
    <mets:mdRef LOCTYPE="URL" MDTYPE="NLCDMD_EBOOK" LABEL="国家数字图书馆电子图书元数据规范"
    xlink:href="http://www.nlc.gov.cn/newstgc/gjsztsggc/bzgf/xxxx.html" />
</mets:dmdSec>
```

3.4 描述元数据节或管理元数据节内的<mdWrap>

内部描述元数据（mdWrap）元素为内嵌于METS文档的元数据提供封装器，而元数据是如下两种格式之一：（1）XML编码元数据，它用XML编码表明本身所属于的命名空间不同于该METS文档的命名空间；（2）任何二进制或文本格式元数据，前提是这个元数据是Base64编码的且被封装在<mdWrap>元素内的<binData>元素中。

表4　描述元数据节或管理元数据节内的<mdWrap>

元素 / 属性	可重复性 / 必备性	规则与推荐规范
<mdWrap>	不可重复　必备	
MDTYPE	不可重复　必备	METS 要求出现该属性，其属性取值范围如下：MARC、MODS、EAD、DC、NISOIMG、LC-AV、VRA、TEIHDR、DDI、FGDC、LOM、PREMIS、OTHER 国家数字图书馆描述元数据规范的 MDTYPE 取值为“OTHER” 本指南支持 <dmdSec> 使用国家数字图书馆描述元数据规范，<amdSec> 使用 PREMIS 及国家图书馆管理元数据规范。如果适用于仓储的资料类型，其他 schema 也可以获得支持
OTHERMDTYPE	不可重复　可选	仅当 MDTYPE 的值为“OTHER”时使用。如果使用国家图书馆描述元数据规范，取值可以是“NLCDMD”
<xmlData>	不可重复　必备	本应用指南必须有一个 schema 或命名域。首选已确认的 schema 或命名域，也可以使用本地自定义的命名域

示例1：

本例以电子图书为例，说明<mdWrap>元素的使用。元数据类型暂定为NLC_EBOOK，即国家图书馆电子图书元数据规范。国家图书馆可以根据实际需要决策引用哪些核心元素及其元素修饰词，如题名、创建者、主题、描述等。其他类型的数字资源与此类似。

```
<mets:dmdSec ID="DMD1">
    <mets:mdWrap MDTYPE="nlc_ebook">
        <mets:xmlData>
            <nlc_ebook:nlc_ebook>
                <nlc_ebook:title>胡适文存</nlc_ebook:title>
                <nlc_ebook:creator>胡适</nlc_ebook:creator>
                ...
            </nlc_ebook:nlc_ebook>
        </mets:xmlData>
    </mets:mdWrap>
</mets:dmdSec>
```

示例2：

内部描述元数据可以包含两个元素：<binData>和<xmlData>，前者包含Base64编码元数据的封装元素，后者包含XML编码元数据的封装元素。本例即以MARC数据为例，说明对于<binData>类型的内部描述元数据的引用。

```
<dmdSec ID="dmd003">
    <mdWrap MIMETYPE="application/marc" MDTYPE="MARC" LABEL="OPAC记录">
        <binData>MDI0ODdjam0gIDIyMDA1ODkgYSA0NU0wMDAxMDA... [这里放置base 64编码数据]
        </binData>
    </mdWrap>
</dmdSec>
```

3.5 管理元数据节

管理元数据节<amdSec>元素中的管理元数据，既可以描述组成该数字对象的文件，也可以描述生成该对象的原始素材。

METS文档中规定了管理元数据的4种主要格式：1. 技术元数据（关于文件的创建、格式和使用特征的信息）；2. 知识产权元数据（版权和许可信息）；3. 来源元数据（关于该数字对象之模拟来源的描述元数据和管理元数据）；4. 数字起源元数据（关于作品的原始数字化形态与作为数字对象的当前形态之间的关系信息，包括文件之间的来源/目标关系、主体/派生关系和迁移/转换关系）。

上述4种类型的管理元数据分别对应于METS文档<amdSec>的子元素<techMD>、<rightsMD>、<sourceMD>和<digiprovMD>，其中可以嵌入相应格式的元数据。这4种元素在任何METS文档中均可以重复。

<techMD>、<rightsMD>、<sourceMD>和<digiprovMD>元素与<dmdSec>类似，既可以用<mdRef>元素指向外部管理元数据，也可以用<mdWrap>元素在METS文档内部嵌入管理元数据，或兼而有之。一个METS文档可有以上元素的多个实例，但它们都必须有ID属性，以便被该METS文档的其他元素（比如结构图中的div或<file>元素）关联到对应的<amdSec>子元素。

根据*Guidelines for using PREMIS with METS for exchange*，可以使用一个管理元数据节<amdSec>，其下包含重复的子元素（如<techMD>等）；也可以在每个METS的子元素下使用重复的<amdSec>。本应用指南推荐把PREMIS各个实体放在单独的<amdSec>的子元素下，并给每一个实体赋予ID值，如“AMD1”、“AMD2”等，引用方式为内部引用。至于在管理元数据节中选用哪些PREMIS语义单元，由《国家数字图书馆长期保存元数据标准规范应用指南》给出建议及其取值。

建议PREMIS语义单元放置在各个METS管理元数据节的子元素下，而不是使用单个PREMIS信息包。如2.1小节所述，PREMIS第一层数据元素应该用于METS下列节中：

premis:object：放在techMD或digiProvMD下；

premis:event：放在digiProvMD下；

premis:rights：放在rightsMD下；

premis:agent：放在digiProvMD或rightsMD下。

表5　管理元数据节

元素 / 属性	可重复性 / 必备性	规则与推荐规范
<amdSec>	可重复 必备	必须有至少一个 <amdSec> 理想状态下，<fileSec> 元素内包含或引用的每一个内容文件都应该有一个 <amdSec>，但可能在某些情况下不适用 每个文件只能有一个 <amdSec>。每一个 <amdSec> 可以包含可重复的 <techMD>、<sourceMD>、<digiprovMD> 和 <rightsMD>
		每一个 <amdSec> 必须包含一个 ID 属性，以及至少一个 <techMD> 元素
ID	不可重复 必备	ID 属性在 METS 中可选，在本指南中必备
-<techMD>	可重复 必备	每一个使用某个 schema 或命名域（如 PREMIS、MIX）的技术元数据记录应该记录在其自身的 <techMD> 中
		必须有至少一个 <techMD>，包含一个元数据记录，在 <mdWrap><xmlData> 中，遵循 PREMIS 对象 schema 以下元素在 PREMIS 数据字典的“文件”对象类别中是必备的，在本应用指南关于文件的 <amdSec> 中也必备。它们在 PREMIS xml schema 中不是必备的，因为它们可能不适用于所有对象类别的类型 · objectIdentifierType · objectIdentifierValue · preservationLevel · objectCategory · compositionLevel · storageMedium 以下 PREMIS 对象实体的元素，在本指南中也要求必备： · formatName · formatVersion · originalName

续表

元素 / 属性	可重复性 / 必备性	规则与推荐规范
		当不能提供相关数据时，在必备元素中，允许“not applicable”（不适用）和“unknown”（未知）等值 如能提供数据，则强烈推荐包括 PREMIS 对象 schema 中的任何可选元素 注意：以下元素可以包括在 PREMIS 元数据中，但在本指南中不是必备项，因为 SIZE、CHECKSUM 和 CHECKSUMTYPE 是本应用指南的 METS <file> 元素的必备属性 · messageDigestAlgorithm · messageDigest · size
		preservationLevel：使用以下值之一： “supported”：完全支持 “known”：不支持，但在试用和完全支持中是高优先级 “unsupported”：已知或未知格式，以其原有比特流保存，但在支持中是低优先级 “not_applicable”：该对象不是一个保存备份
		对于静态图像，PREMIS 中没有的元数据可以使用 MIX schema（或国家数字图书馆图像元数据规范）
		对于文本文件，PREMIS 中没有的元数据可以使用 textMD（或国家数字图书馆文本数据加工标准与工作规范）
		音视频文件可以采用美国国会图书馆音视频原型项目（Audio-Visual Prototyping Project）的 schema，或国家数字图书馆音频、视频元数据规范
-ID	不可重复 必备	METS 要求必备。
-<mdWrap>	不可重复 必备	参见 3.4 小节 <mdWrap> 元素组部分。
-<rightsMD>	可重复 可选	<rightsMD> 可选。当出现时，必须包含一个 <mdWrap><rightsMD> 元素，可以包含以下值之一： · METS 权利记录（使用 METS Rights schema） · 知识共享许可协议（Creative Commons distribution licences） · PREMIS 权利记录 · XACML
-ID	不可重复 必备	METS 要求必备
-<mdWrap>	可重复 必备	参见 3.4 小节 <mdWrap> 元素组部分

续表

元素 / 属性	可重复性 / 必备性	规则与推荐规范
-<sourceMD>	可重复 可选	可以使用，但不要求必备，如果 <dmdSec> 描述了用于创建 METS 对象的原始资料来源的话（如 METS 对象来源于一个物理对象）。可以用于描述原始与当前对象之间的原始资料（当来源资料为非数字对象时）。本应用指南不推荐具体元数据的形式 如果 <digiprovMD> 包括了 PREMIS 事件元数据，该元数据有链接到一个未作为该 METS 文档的一部分传递的对象的 linkingObjectIdentifier，则必须使用。在这种情况下，<sourceMD> 必须包含一个 <premisObject:object>。例如，从一个 Word 文档创建了一个 PDF，PDF 被传递，而 Word 文档未被传递（Word 文档可能被保存仓储废弃了），Word 文档应在 <sourceMD> 中作为一个 PREMIS 对象加以描述
ID	不可重复 必备	METS 要求必备
--<mdWrap>	不可重复 必备	参见 3.4 小节 <mdWrap> 元素组部分
-<digiprovMD>	可重复 必备	对于当前保存级对象，必须有至少一个 <digiprovMD>，描述保存仓储的摄入事件。对于非保存级对象，<digiprovMD> 是可选的 每一个对象的事件记录，只能有一个 <digiprovMD> 每一个 <digiprovMD> 应当只有一个 <mdWrap MDTYPE="PREMIS">。它只有一个 <xmlData> 元素，包含该对象的所有 PREMIS 事件和代理元数据 每一事件必须包含在单个 <premisEvent:event> 元素中，其 xml 数据遵循 PREMIS 事件 schema 当代理被记录时，每一个代理必须以单个的 <premisAgent:agent> 元素，被包含在相关联的 <premisEvent:event> 的同一 <xmlData> 元素中
		保存级数字对象的数字起源历史应尽可能完整，描述创建当前数字对象备份的事件（在单个的 <premisEvent:event> 元素中）以及其摄入到保存仓储的事件。这包括原始存放的对象的变化（注意在 PREMIS 中，一个对象不能被修改：一个修改对象的事件创建了一个新对象）以及托管者的变化
		当前对象摄入到保存仓储以后发生的其他类型的事件可以被记录在其他的 <premisEvent:event> 元素中（如格式验证、校验和检查等）
		本应用指南中 PREMIS 事件的以下元素要求必备： · eventIdentifierType · eventIdentifierValue · eventType · eventDateTime 如果事件改变了一个对象，则强烈推荐包括所使用的软硬件信息。使用 linkingAgentIdenfier 之下的以下事件元素： · linkingAgentIdentifierType

续表

元素 / 属性	可重复性 / 必备性	规则与推荐规范
		· linkingAgentIdentifierValue · linkingAgentRole linkingAgentIdenfierType 内的值可以是外部注册表的名称或仓储自己的名称 如果该代理有标识符，linkingAgentIdentifierValue 应当是注册表内或保存仓储内的唯一标识符，或只是 METS 文档中此代理的唯一标识符 linkingAgentRole 的值应当描述代理的角色（如“扫描仪”等）。对于这一元素，尚未建立相应的受控词表 如果一个仓储以外的机构对事件负责，这一机构应当在 linkingAgentIdentifier 注明
		如果存在一个 linkingAgentIdentifier，<premisAgent:agent> 元素必须在包含 <premisEvent:event> 元素的同一 <xmlData> 中出现，<premisAgent:agent> 和 <premisEvent:event> 通过该事件的 linkingAgentIdentifier 相关联。本应用指南中以下元素为必备项： · agentIdentifierType · agentIdentifierValue · agentName（PREMIS 中可选） · agentType（PREMIS 中可选，对于这一元素，尚未建立相应的受控词表）
		如果该对象通过一个事件与另一个数字对象相关联，相关的数字对象也提交到保存仓储，该事件应当包含一个 premisEvent:linkingObjectIdentifier，与相关对象的 <amdSec><techMD> 中的 premisObject:objectIdentifier 相匹配 如果该对象通过一个事件与另一个数字对象相关联，相关的数字对象未提交到保存仓储，该事件应当包含一个 premisEvent:linkingObjectIdentifier，与 <sourceMD> 中的 premisObject 元数据记录的 premisObject:objectIdentifier 相匹配。例如，一个 Word 文档转换成 RTF 格式，继而转换成 PDF 格式。如果只有 PDF 文档提交到保存仓储，每一个事件都应当在单独的 <premisEvent:event> 中加以描述，其 linkingObjectIdentifier 与 <sourceMD> 下的 premisObject:object 的 ObjectIdentifier 相匹配。Word 和 RTF 文件应当在单独的 <sourceMD> 下的 premisObject:object 元素各自加以描述（即使它们已不存在）
-ID	不可重复 必备	METS 要求必备
--<mdWrap>	不可重复 必备	参见 3.4 小节 <mdWrap> 元素组部分

示例1：

本例的<techMD>包含技术元数据，它们和文件的数字化过程有关。国家数字图书馆可以根据自身实际采用或制定具体的技术元数据规范。

```
<!--技术元数据，ID为ADM1-->
<mets:techMD ID="ADM1">
<!--引用方式为内部引用，元数据类型为PREMIS-->
<mets:mdWrap MDTYPE="OTHER" OTHERMDTYPE="PREMIS">
    <mets:xmlData>
        <!--PREMIS对象实体，其下包括对象标识、保存级别、对象类型、固定性、大小等-->
        <pre:object>
            <pre:objectIdentifier>
                <pre:objectIdentifierType>ARK</pre:objectIdentifierType>
                <pre:objectIdentifierValue>
                http://www.nlc.gov.cn/ark:/20775/bb00000101/1-1.pdf
                </pre:objectIdentifierValue>
            </pre:objectIdentifier>
        <pre:preservationLevel>full</pre:preservationLevel>
        <pre:objectCategory>file</pre:objectCategory>
        <pre:objectCharacteristics>
            <pre:compositionLevel>0</pre:compositionLevel>
            <pre:fixity>
                <pre:messageDigestAlgorithm>
                CRC
                </pre:messageDigestAlgorithm>
                <pre:messageDigest>3,356,155,929</pre:messageDigest>
            </pre:fixity>
            <pre:size>251444</pre:size>
        ...
        </pre:objectCharacteristics>
        ...
        </pre:object>
    </mets:xmlData>
</mets:mdWrap>
</mets:techMD>
```

示例2：

```
<!--权利元数据，ID为ADM2-->
<mets:rightsMD ID="ADM2">
<!--引用方式为内部引用，元数据类型为PREMIS-->
<mets:mdWrap MDTYPE="OTHER" OTHERMDTYPE="PREMIS">
    <mets:xmlData>
        <!--PREMIS权利实体，其下包括权利声明、版权信息等-->
        <pre:rightsStatement>
            <pre:rightsBasis>Copyright</pre:rightsBasis>
            <pre:copyrightInformation>
                <pre:copyrightStatus>Under copyright</pre:copyrightStatus>
                <pre:copyrightJurisdiction>us</pre:copyrightJurisdiction>
                <pre:copyrightNote>
                Rights Holder(s): Rachel Beth Egenhoefer
                </pre:copyrightNote>
                <pre:copyrightNote>
                Use: This work is available from the UC San Diego Libraries. This digital copy of the work is intended to support research, teaching, and private study.
                </pre:copyrightNote>
                <pre:copyrightNote>Constraint(s) on Use: This work is protected by the U.S. Copyright Law (Title 17, U.S.C.). Use of this work beyond that allowed by "fair use" requires written permission of the copyright holder(s). Responsibility for obtaining permissions and any use and distribution of this work rests exclusively with the user and not the UC San Diego Libraries. Inquiries can be made to the UC San Diego Libraries department having custody of the work (http://libraries.ucsd.edu/locations/mscl/).</pre:copyrightNote>
            </pre:copyrightInformation>
        </pre:rightsStatement>
    </mets:xmlData>
</mets:mdWrap>
</mets:rightsMD>
```

示例3：

本例中，数字音频由磁带数字化而来，应用<sourceMD>中的<mdWrap>元素来封装磁带中重要的技术元数据。

```xml
<sourceMD ID="SMD_MJF_Tape_0010_Side_A" STATUS="Draft, unformatted"
CREATED="2006-08-28T15:36:53">
    <mdWrap MDTYPE="OTHER" OTHERMDTYPE="Draft AES-X098-SC-03-06-B, version 2006-05-19"
    MIMETYPE="audio/x-wave">
        <xmlData>
            <dataroot xmlns:od="urn:schemas-microsoft-com:officedata"
            generated="2006-08-28T15:36:53">
            <!--All values for source elements come from the source_metadata table.-->
                <source>
                    <ID>1</ID>
                    <source_metadata_id>SRC000000001</source_metadata_id>
                    <item_face_id_fk>IF000000001</item_face_id_fk>
                    <identifier>0001</identifier>
                    <identifier_type>MJF tape number</identifier_type>
                    <direction>A_PASS</direction>
                    <source_format_type>open reel
                    tape</source_format_type>
                    <analog_digital_flag>analog</analog_digital_flag>
                    <speed>7.5</speed>
                    <speed_unit>Inches per second</speed_unit>
                    <track_format>half track</track_format>
                    <sound_field>stereo</sound_field>
                    <noise_reduction>none</noise_reduction>
                    <equalization>none</equalization>
                    <gauge>0.25</gauge>
                    <gauge_unit>Inches</gauge_unit>
                    <reel_diameter>7</reel_diameter>
                    <reel_diameter_unit>Inches</reel_diameter_unit>
                    <bit_depth/>
                    <sample_rate/>
                </source>
            </dataroot>
```

```
            </xmlData>
        </mdWrap>
    </sourceMD>
```

示例4：

```
<!-数字起源元数据，ID为ADM4-->
<mets:digiprovMD ID=" AMD4" CREATED=" 2006-11-27T21:37:13" >
    <!--引用方式为内部引用，元数据类型为PREMIS-->
    <mets:mdWrap MDTYPE="PREMIS">
        <mets:xmlData xmlns:premis=http://www.loc.gov/standards/premis/v1
        xsi:schemaLocation="http://www.loc.gov/standards/premis/v1
        http://www.loc.gov/standards/premis/v1/Event-v1-1.xsd">
            <!--PREMIS事件实体，其下包括事件标识、事件类型、日期时间、明细等-->
            <premis:eventIdentifier>
                <premis:eventIdentifierType>Validation
                </premis:eventIdentifierType>
                <premis:eventIdentifierType>Ingest_Validation_01
                </premis:eventIdentifierType>
            </premis:eventIdentifier>
            <premis:eventType>Validation</premis:eventType>
            <premis:eventDateTime>2006-11-27-08:00</premis:eventDateTime>
            <premis:eventDetail>ValidationResults</premis:eventDetail>
            <premis:eventOutcomeInformation>
                <premis:eventOutcome>Pass</premis:eventOutcome>
                <premis:eventOutcomeDetail>
                    <ingestValidation ID="FILE_epi01m.tiff">
                        <JhoveOutput>File is of format: TIFF. The file is well-formed. The file is valid.
                        </JhoveOutput>
                        <IngestValidatorOutput>The computed checksum matches the original
                        checksum for file[file:90990250/90990250.pdf]
                        </IngestValidatorOutput>
                        <ingestValidatorOutput>Original file ID:
                        FILE_epi01m.tiff has been changed to
```

```
                    FILE_07108e3e-5fd1-11da-b211-19e7a5cf4814
                    </IngestValidatorOutput>
                    <IngestValidatorOutput>Original file name eip01m>tiff has been changed to
                    FILE_07108e3e-5fd1-11da-b211-19e7a5cf4814,pdf
                    </IngestValidatorOutput>
                </ingestValidation>
            </premis:eventOutcomeDetail>
        </premis:eventOutcomeInformation>
        <premis:linkingAgentIdentifier>
            <premis:linkingAgentIdentifierType>"Software"/>
            <premis:linkingAgentIdentifierValue>"JHove"/>
        </premis:linkingAgentIdentifier>
        <premis:linkingAgentIdentifier>
            <premis:linkingAgentIdentifierType>"Software"/>
            <premis:linkingAgentIdentidierValue>"SDR_Ingest_Validator"/>
        </premis:linkingAgentIdentidier>
        </premis:event>
    </mets:xmlData>
  </mets:mdWrap>
</mets:digiprovMD>
```

3.6　文件节<fileSec>

文件节（<fileSec>）包含一个或多个<fileGrp>元素，把相关文件划分成组。<fileGrp>列出的文件组成了一个数字对象的某一电子版本。可以分别设立若干<fileGrp>元素，对于图像文件而言，有缩略图组、主档案影像组、pdf版组、TEI编码文本版组等等。

所有的<file>元素均有唯一的ID属性。此属性为该文件提供了唯一的内部名称，以被文档的其他部分引用。

<file>元素拥有的<FContent>元素可能要比<FLocat>元素更好一些。<FContent>元素将文件的实际内容嵌入到METS文档内。此时，文件内容必须是XML格式或Base64编码二者之一。当METS文档用来为用户展示数字对象时，并不一定要用内嵌文件，但当它用来在仓储间交换数字对象或离线存档数字对象时，就颇有价值了。

表6　文件节

元素 / 属性	可重复性 / 必备性	规则与推荐规范
<fileSec>	不可重复　必备	所有文件必须通过 <fileSec> 加以引用。<fileSec> 必须包含一个或多个 <fileGrp>
<fileGrp>	可重复　必备	此元素用于对文件进行分组，根据以下在 USE 属性中描述的类别： original：存放者最初提交给仓储的对象，不同于保存级文件 master：当前的保存级副本（即长期保存中最高优先级的版本）。它可能是最初或修订的版本，这应当从 digiprovMD 中决定。有且只有一个保存级副本 access_representation：公共存取的副本，不同于保存级 other_representation：内容文件的其他文件组，可以用于呈现对象，既非原件，也不是保存级文件 structural_map：强烈推荐其为单个的 XML 文件，如多媒体对象为 SMIL 文档，手稿为 EAD 文档，或一个复合对象的文件目录结构描述。引用的文件名应当符合 <file> 中 OWNERID 属性的文件名。如果该文件组提供的信息不多于 <structMap> 元素，就可以不需要 metadata：可以包括额外的元数据文件。如果 METS 其他节（如描述元数据节、结构图等）提供的元数据已足够，就不需要。该组文件应当为 xml 文件 licence：包含属于对象的许可或权利协议的文件。如果该文件组提供的信息不多于 <rightsMD> 元素，就可以不需要 support：其他任何的支持的文件 other：不符合以上类别的文件
		在本应用指南中，<fileGrp> 必须包含一个或多个 <file>，<fileGrp> 可以不包含内嵌的 <fileGrp> 元素
ID、VERSDATE、ADMID	不可重复　可选	无推荐项
USE	不可重复　必备	每一 <fileGrp> 必须有一个 USE 属性，其值取自以上的词表中
		<fileGrp> 中 USE="master" 的有且仅有一项
		USE="original" 的 <fileGrp> 可以是 0 或 1
		其他类别可以是任意值，也可以没有
--<file>		参见 3.7 小节 <file> 元素组部分

示例：

本例表示一本书中TIFF格式的页面图像，其用途为主图像（用于存档）。

```
<mets:fileSec>
```

```
<mets:fileGrp ID=" TIFF_GRP01" USE=" MASTER IMAGE" >
...
</mets:fileSec>
```

3.7 文件<file>

文件元素<file>为METS文档提供了描述内容文件数字对象的途径。文件元素<file>可以包含一个或多个<FLocat>元素，这些<FLocat>元素为内容文件或封装文件编译版本的<FContent>元素提供指针。在档案库之间交换数字对象，或存储数字对象的版本，嵌入文件中使用<FLocat>非常有用。所有的<FLocat>和<FContent>元素应该包含相同的单个文件。<file>元素具有递归性，因此允许下一级文件或某个大型文件的组成文件在目录中一一列出。例如，在档案库或压缩文件中包含的文件，就可以这种形式在目录中列出，或者可以通过使用<stream>元素，文件中较小的部分或相关的部分就可以放入<file>元素中。最后，通过使用<transformFile>元素，可以在<file>元素中包含经过转换的文件的不同版本，例如经过格式转换的文件。

表7　文件

元素 / 属性	可重复性 / 必备性	规则与推荐规范
<file>	可重复　必备	<file> 必须包含一个 <FLocat> 或一个 <FContent>。本指南目前不支持 <stream>、<transformFile> 或内嵌的 <file>
ID	不可重复　必备	METS 要求必备
MIMETYPE	不可重复 必备	在 METS 中可选，本应用指南中必备
SEQ	不可重复 可选	无推荐项
SIZE	不可重复 必备	在 METS 中可选，本应用指南中必备
CREATED	不可重复 可选	强烈推荐。应当是应用程序创建文件的日期，而不是摄入保存仓储的日期
CHECKSUM	不可重复 必备	在 METS 中可选，本应用指南中必备
CHECKSUMTYPE	不可重复 必备	在 METS 中可选，本应用指南中必备。METS 指定以下值： HAVAL MD5 SHA-1 SHA-256 SHA-512 TIGER WHIRLPOOL

续表

元素 / 属性	可重复性 / 必备性	规则与推荐规范
OWNERID	不可重复 可选	可以用于提供一个唯一标识符（包括一个 URI）分配给文件，它可以不同于用于获取文件的 URI。强烈推荐 <fileGrp> 中 USE="structural_map" 的文件名引用 OWNERID，或可以用于一个“根”文件，以重构或呈现一个对象 必须用于提供指向文件的管理元数据的链接
ADMID	不可重复 必备	必须用于提供指向文件的管理元数据的链接
DMDID、GROUPID、USE	不可重复 可选	无推荐项
-<FLocat>	不可重复 可选	METS 中可重复，本应用指南中不可重复。如果文件内容没有内嵌于 <FContent>，必须为每一个文件提供一个 <FLocat>
ID、USE	不可重复 可选	无推荐项
LOCTYPE	不可重复 必备	METS 中要求必备，限定取值如下： URN URL PURL HANDLE DOI OTHER
OTHERLOCTYPE	–	本应用指南不支持
xlink	不可重复 必备	无推荐项
-<FContent>	不可重复 可选	如果没有 <FLocat>，必须存在。METS 中已说明，内容文件可以是 Base 64 编码的，包含在 <binData> 封装子元素内，或由 XML 信息构成，包含在 <xmlData> 封装子元素内
ID、USE	不可重复 可选	无推荐项
binData	不可重复 可选	无推荐项
xmlData	不可重复 可选	无推荐项

示例：

对于纸本图书而言，每页用<div>表示，可以是3种图像格式（TIFF、JPEG或GIF）中的一种。作为文件组中的单个文件，TIFF格式图像的<fileGrp>属性由以下的例子来说明。

```
<!--fileGrp中说明了文件的ID、使用类别、创建时间、文件大小、图像类型等-->
    <mets:fileSec>
        <mets:fileGrp ID="TIFF_GRP01" USE="MASTER IMAGE">
            <mets:file ID="epi01m" SIZE="65768"
```

```
            CREATED="2006-04-11T07:35:22" MIMETYPE=" image/tiff"
            ADMID=" MIX_v1.0_TIFF_epi01m" >
            ...
            </mets:file>
        </mets:fileGrp>
    </mets:fileSec>
```

3.8 结构图<structMap>（参见附录）

结构图定义了一种把数字对象呈现给用户的层次结构，并允许用户通过结构图导航。<structMap>元素利用一系列嵌套的<div>元素体现了这种层次结构。<div>将其所属类型用属性信息标明，而把对应于该<div>的内容，用多个METS指针元素（<mptr>）和文件指针元素（<fptr>）指向。METS指针指向METS文档，其中包含了该<div>的相关文件信息。这种机制适于编码大量资料（例如一种完整的期刊），它可以保持集合内每个METS文件的尺寸较小。文件指针则指向当前METS文档<fileSec>节中的文件（有时指向文件组或某文件内的特定位置），被指向的文件对应于当前<div>所示的层次结构部分。

表8 结构图

元素 / 属性	可重复性 / 必备性	规则与推荐规范
<structMap>	不可重复 必备	METS 中可重复，本应用指南中不可重复 <structMap> 必须描述 METS 文档表现的整个数字对象的结构
ID	不可重复 可选	无推荐项
TYPE	不可重复 可选	无推荐项
LABEL	不可重复 可选	无推荐项
-<div>	可重复 必备	

3.9 <div>

分区元素<div>用来表示按照层次组织起来的结构图是如何进行结构分区的，这种分区能够在任何程度上堆叠进行。每个<div>元素可以表示一个逻辑分区，也可以表示一个物理分区。通过TYPE属性，<div>元素能够明确分区的类型。例如在一本由<structMap>分区的电子书中，<div>元素表示各个章节和书页，在连续的层次结构中，TYPE属性的取值可以是“书”、“章”和“页”。

<div>元素的LABEL属性是可选的，LABEL属性的取值可以使数据对象按照特定的形式显示，让数据对象的读者使用起来更方便。因此，层次结构的<div>元素的LABEL属性通常

能够形成一种“内容列表”，这样数字图书馆就能使用“内容列表”来理解和指导METS编码的数字对象的内容。当然，在不同用途的METS标准中，LABEL属性的目的也是不同的。

任何结构层次上的<div>元素都能通过DMDID属性，和一个或多个<dmdSec>元素相关联。任何一个<div>元素引用的描述元数据都可以通过和<div>相关联形成一个完整的整体。任何结构层次上的<div>元素也可以和<rightsMD>、<techMD>、<sourceMD>与/或<digiprovMD>元素包含的管理元数据相关联。<div>元素的这种关联能力，能够用于关联某个分区所表示的内容，这些分区通常由rights元数据来管理它的用途。例如，在METS编码的视频数据对象中，根<div>属性可以指向代表版权和使用限制信息的rightsMD。

表9　<div>元素组

元素 / 属性	可重复性 / 必备性	规则与推荐规范
ID	不可重复 可选	无推荐项
ORDER	不可重复 必备	第一级 <div> 元素代表整个对象，其取值必须是“1” 低级别的 <div> 元素必须有一个 ORDER 值，至少有一个的值为“1”。同一级别、同一数值的 <div> 可以有多个
ORDERLABEL	不可重复 可选	无推荐项
LABEL	不可重复 可选	强烈推荐
DMDID	不可重复 可选	对于代表整个数字对象的第一级的 <div> 而言，必须存在。对于低级别的 <div> 而言，如果该对象的部分有相应的 <dmdSec>，则应当存在
ADMID	不可重复 可选	如果整个数字对象或其部分有相应的 <amdSec>（不针对具体的文件格式），则应当存在，如权利元数据
TYPE、CONTENTIDS	不可重复 可选	无推荐项
-<mptr>	–	本应用指南不支持
-<fprt>	可重复 必备	每一个 <div> 中必须有至少一个 <fptr>。每一个 <fptr> 必须包含一个指向 METS 文档的文件的 FILEID 本应用指南不支持其子元素 <par>、<seq> 和 <area>
ID	不可重复 可选	无推荐项
FILEID	不可重复 必备	在 METS 中可选，本应用指南中必备
CONTENTIDS	不可重复 可选	无推荐项

示例：

本例解释<div>元素的特征，包括TYPE、LABEL和DMDID属性。

```
<?xml version="1.0" encoding="UTF-8"?>

<mets:mets xmlns:mets="http://www.loc.gov/METS/"
```

```
xmlns:mods="http://www.loc.gov/mods/v3"
xmlns:xlink="http://www.w3.org/1999/xlink"
xmlns:xsi="http://www.w3.org/2001/XMLSchema-instance"
xsi:schemaLocation="http://www.loc.gov/METS/
http://www.loc.gov/standards/mets/mets.xsd http://www.loc.gov/mods/v3
http://www.loc.gov/mods/v3/mods-3-1.xsd" OBJID="ark:/13030/kt9s2009hz"
LABEL="Martial Epigrams">
<mets:dmdSec ID="DMD1">
        <mets:mdWrap MDTYPE="MODS">
                <mets:xmlData>
                        <mods:mods>
                                <mods:titleInfo>
                                        <mods:title>Martial Epigrams</mods:title>
                                </mods:titleInfo>
                        </mods:mods>
                </mets:xmlData>
        </mets:mdWrap>
</mets:dmdSec>
        ...
        <mets:structMap TYPE="physical">
                <mets:div TYPE="book" LABEL="Martial Epigrams II" DMDID="DMD1">
                        <mets:div TYPE="page" LABEL="Blank page"/>
                        <mets:div TYPE="page" LABEL="Page i: Series title page"/>
                        <mets:div TYPE="page" LABEL="Page ii: Blank page"/>
                        <mets:div TYPE="page" LABEL="Page iii: Title page"/>
                        <mets:div TYPE="page" LABEL="Page iv: Publication info"/>
                        <mets:div TYPE="page" LABEL="Page v: Table of contents"/>
                        <mets:div TYPE="page" LABEL="Page vi: Blank page"/>
                        <mets:div TYPE="page" LABEL="Page 1: Half title page"/>
                        <mets:div TYPE="page" LABEL="Page 2 (Latin)"/>
                        <mets:div TYPE="page" LABEL="Page 3 (English)"/>
                        <mets:div TYPE="page" LABEL="Page 4 (Latin)">
```

```
            <mets:div TYPE="page" LABEL="Page 5 (English)"/>
            <mets:div TYPE="page" LABEL="Page 6 (Latin)"/>
            <mets:div TYPE="page" LABEL="Page 7 (English)"/>
            </mets:div>
    </mets:structMap>
</mets:mets>
```

3.10 结构链接<structLink>

本应用指南不对结构链接<structLink>进行定义。

3.11 行为节<behaviorSec>

本应用指南不对行为节<behaviorSec>进行定义。

4 应用场景

国家数字图书馆多格式、多来源的数字资源在批量导出时，形成多种类型的基于METS的SIP文件。

SIP的格式和具体内容通常由信息生产者和OAIS系统之间协商而定，国家数字图书馆即充当OAIS系统的角色。SIP通常由内容信息和相关的保存描述信息组成，有时需要多个SIP来形成完整的内容信息和相应的保存描述信息，进而形成AIP；一个SIP也可能被拆分为多个AIP。SIP的封装信息通常会以某种形式存在。

SIP需要符合METS基本标准规范，每个SIP可以规定为一个独立的知识实体，必须包含所有表现该知识实体的文件。如要保存一本以页为单位的书，则需要将该书的所有的页包含在信息包中，该文件包含技术元数据、描述元数据和管理元数据。

摄取过程也是把SIP变为AIP的过程，其功能包括接收SIP、提交信息的预处理、对SIP数据解包、校验、收集、重新分发以及不同环境下的数据备份和处理。摄取模块为数字对象分配唯一标识符，打包成AIP格式，以备存储使用。在打包成AIP格式前，还需创建文件的本地化、规范化的迁移版本，按照保存元数据规范的要求对每个AIP提供元数据值。摄入的具体过程可参考DAITSS系统。

AIP包含支持对象长期保存和存取所需的所有元数据，AIP是一个理论概念，实际数字典藏系统中没有必要将元数据和对象数据封装在同一个信息包中，因为有些元数据元素是固有或通用的（适用于数字典藏系统中的所有数字对象），所以就不用分别存储。长期保存元数据元素适用于AIP。

4.1 一个SIP对应一个AIP

在OAIS中，一个或多个SIP可能需要被转换成为一个或多个AIP进行保存，即SIP和AIP之间可以是一对一、一对多、多对一和多对多等关系。AIP有一系列完整的保存描述信息和相关的内容信息。一个SIP还可能会由多个其他的SIP组成。AIP的封装信息需要遵守OAIS内部的标准并服从OAIS的管理。

对于国家数字图书馆来说，有不少一个SIP对应一个AIP的例子，如石刻拓片影像、甲骨拓片影像等，只需在SIP的基础上补充相应的METS头、保存元数据、管理元数据等信息即可。

4.2 多个SIP对应一个AIP

一种期刊按期分批提交，形成多个SIP。如果要以这多个SIP形成一个AIP作长期保存，则会出现多个SIP对应一个AIP的情况。又比如，一本电子书的各个章节为一个独立的SIP，以这些章节构成一本完整的电子书，作长期保存，也会出现多个SIP对应一个AIP的情况。

以各期期刊构成一种期刊为例，其流程包括接收SIP，对提交信息进行预处理（包括补充相应的保存描述信息、封装信息等），对SIP数据进行解包、校验、收集和重新整理等。摄取的过程中，为各个数字对象分配唯一标识符，便于后续操作。在对多个SIP打包成AIP格式前，还将创建文件的本地化、规范化的迁移版本，按照保存元数据规范的要求对每个AIP提供元数据值。摄入的具体过程可参考DAITSS系统的相应操作。

比如，数据库商提交某种期刊的某一期（本例为《数字图书馆论坛》2008年第12期，总第55期），所提交的SIP如下：

<!--数据库商提交《数字图书馆论坛》）2008年第12期，总第55期。该期有十余篇文章，为简略起见，本例只举其中两篇文章。-->

<mets:mets>

<!--描述元数据节-->

<mets:dmdSec>

<!--要求数据库商提交的元数据类型为国家数字图书馆制定的期刊论文元数据著录规范，其元数据命名域暂定为NLCDMD。引用方式为内部引用。-->

<mets:mdWrap MDTYPE="NLCDMD">

<mets:xmlData>

<nlcdmd:title>数字图书馆论坛</nlcdmd:title>

```xml
                <nlcdmd:creator>张秀梅</nlcdmd:creator>
                <nlcdmd:publisher>《数字图书馆论坛》编辑部
                </nlcdmd:publisher>
                <nlcdmd:contributor>顾晓光</nlcdmd:contributor>
                <nlcdmd:date>2008-12-25</nlcdmd:date>
                <nlcdmd:year>2008</nlcdmd:year>
                <nlcdmd:issue>55</nlcdmd:issue>
                <nlcdmd:format>pdf</nlcdmd:format>
                <nlcdmd:identifier>nlc001</nlcdmd:identifier>
                <nlcdmd:source>数字图书馆论坛</nlcdmd:source>
                <nlcdmd:language>chn</nlcdmd:language>
                <nlcdmd:rights>公共领域</nlcdmd:rights>
            </mets:xmlData>
        </mets:mdWrap>
    </mets:dmdSec>
    <!--第一篇文章的描述元数据，元数据类型为国家数字图书馆制定的期刊论文元数据著录规
范，其元数据命名域暂定为NLCDMD。-->
    <mets:dmdSec>
        <mets:mdWrap MDTYPE="NLCDMD">
            <mets:xmlData>
                <nlcdmd:title>对虚拟社会信息交流的定性研究
                </nlcdmd:title>
                <nlcdmd:creator>韩圣龙</nlcdmd:creator>
                <nlcdmd:organization>北京大学信息管理系
                </nlcdmd:organization>
                <nlcdmd:role>撰写</nlcdmd:role>
                <nlcdmd:doi>10.3772/j.issn.1673-2286.2008.12.001
                </nlcdmd:doi>
                <nlcdmd:format>pdf</nlcdmd:format>
                <nlcdmd:language>chn</nlcdmd:language>
                <nlcdmd:issue>55</nlcdmd:issue>
                <nlcdmd:rights>公共领域</nlcdmd:rights>
```

```xml
                <nlcdmd:start_page>1</nlcdmd:start_page>
                <nlcdmd:end_page>1</nlcdmd:end_page>
                <nlcdmd:source>数字图书馆论坛</nlcdmd:source>
                <nlcdmd:total_page_number>1
                </nlcdmd:total_page_number>
            </mets:xmlData>
        </mets:mdWrap>
    </mets:dmdSec>
    <!--第二篇文章的描述元数据，元数据类型为国家数字图书馆制定的期刊论文元数据著录规范，其元数据命名域暂定为NLCDMD。-->
    <mets:dmdSec>
        <mets:mdWrap MDTYPE="NLCDMD">
            <mets:xmlData>
                <nlcdmd:title>对网络游戏中虚拟社会的观察研究
                </nlcdmd:title>
                <nlcdmd:alternative>以《魔兽世界》游戏的三年参与观察研究为例
                </nlcdmd:alternative>
                <nlcdmd:creator>韩圣龙</nlcdmd:creator>
                <nlcdmd:organization>北京大学信息管理系
                </nlcdmd:organization>
                <nlcdmd:explain>韩圣龙（1972-），北京大学信息管理系副教授，博士；研究方向：计算机情报检索。</nlcdmd:explain>
                <nlcdmd:role>撰写</nlcdmd:role>
                <nlcdmd:creator>屈鹏</nlcdmd:creator>
                <nlcdmd:organization>北京大学信息管理系
                </nlcdmd:organization>
                <nlcdmd:explain>屈鹏（1983-），北京大学信息管理系博士研究生；研究方向：计算机情报检索。</nlcdmd:explain>
                <nlcdmd:role>撰写</nlcdmd:role>
                <nlcdmd:contributor>贾延霞</nlcdmd:contributor>
                <nlcdmd:role>责任编辑</nlcdmd:role>
                <nlcdmd:date>2008-08-30</nlcdmd:date>
```

<nlcdmd:year>2008</nlcdmd:year>

<nlcdmd:reference>KOLBERT E. Pimps and dragons: how an online world survived a social breakdown [N/OL]. The New Yorker, 2001-05-28 [2008-01-05]. http://www.newyorker.com/fact/content/?010528fa_FACT.</nlcdmd:reference>

<nlcdmd:reference>杨德仁,顾君忠.网络游戏体系结构的研究与应用综述[J].计算机应用与软件,2007,24(3):113-116.</nlcdmd:reference>

...

<nlcdmd:keyword>网络游戏</nlcdmd:keyword>

<nlcdmd:keyword>观察研究</nlcdmd:keyword>

...

<nlcdmd:abstract>大型多人在线角色扮演游戏（MMORPG）拥有大量的用户，在一些较为优秀的游戏中已经形成较为成熟的社会结构。与此同时，网络游戏又是现阶段最成熟虚拟现实技术的练兵场。因此，对网络游戏的虚拟社会进行研究有着理论和现实意义。文章以《魔兽世界》游戏为平台，对其中的虚拟社会的社会结构进行定性的实地观察研究。通过三年的参与观察，采用记录的方式给出了一个网络游戏中的虚拟社会的结构及其特征。以期通过这样的研究在方法论、理论和方法层面提供可借鉴的结果和方法。该文为《数字图书馆论坛》2008年第12期本期话题“虚拟社会”的文章之一。

</nlcdmd:abstract>

<nlcdmd:abstract_alternative>Thousands of users take part in massively multiplayer online role playing games (MMORPG), in which mature social structures form in excellent games. Meanwhile, online games are also the maidens of virtual reality techniques. As the reasons above, the study on the virtual society in online games has both theoretical and practical values. The research is carried on World of Warcraft; concerns on the social structure of virtual society with qualitative field observation. After having co-lived for 3 years, the authors record comparatively the structure of the virtual society in online games and their characters. Hope this research can bring useful results and methods for methodologies, theories and methods.

</nlcdmd:abstract_alternative>

<nlcdmd:doi>10.3772/j.issn.1673-2286.2008.12.001

</nlcdmd:doi>

<nlcdmd:format>pdf</nlcdmd:format>

<nlcdmd:language>chn</nlcdmd:language>

<nlcdmd:other_language>eng

</nlcdmd:other_language>

<nlcdmd:rights>公共领域</nlcdmd:rights>

```
<nlcdmd:source>数字图书馆论坛</nlcdmd:source>
<nlcdmd:issue>55</nlcdmd:issue>
<nlcdmd:start_page>2</nlcdmd:start_page>
<nlcdmd:end_page>6</nlcdmd:end_page>
<nlcdmd:total_page_number>5
</nlcdmd:total_page_number>
</mets:xmlData>
</mets:mdWrap>
</mets:dmdSec>
<mets:amdSec/>
<!--文件节-->
<mets:fileSec>
<!--文件组，其类型为pdf文件，包括文件大小、校验和、校验和类型等。-->
<mets:fileGrp USE="original">
<mets:file MIMETYPE="application/pdf" SIZE="60278" CHECKSUM="eb0fcf9ba0c30b0d22
66139a38b6b7fa" CHECKSUMTYPE="MD5"
OWNERID="1.pdf">
<mets:FContent>
<mets:binData>Data</mets:binData>
</mets:FContent>
</mets:file>
<mets:file MIMETYPE="application/pdf" SIZE="1552728" CHECKSUM="58a82a739a9a30d
39e35b88532777676" CHECKSUMTYPE="MD5"
OWNERID="2.pdf">
<mets:FContent>
<mets:binData>Data</mets:binData>
</mets:FContent>
</mets:file>
</mets:fileGrp>
</mets:fileSec>
<!--结构图-->
<mets:structMap>
```

```
<mets:div TYPE="issue">
    <mets:div TYPE="文章">
        <mets:fptr FILEID="nlc003001"/>
    </mets:div>
    <mets:div TYPE="文章">
        <mets:fptr FILEID="nlc003002"/>
    </mets:div>
</mets:div>
</mets:structMap>
</mets:mets>
```

METS指针元素（<mptr>）允许div关联到另一个METS文档，与该div相应的内容则存在那个METS文档中，而不是让<mptr>元素指向内部文件或文件组。因此METS指针元素可以用来封装连续出版的期刊，每一个<div>元素表示一个卷期，<div>元素则分别指向独立的卷期METS文档，而不是把每卷的文件和文件组都编码在一个大文档中。具体可参考信息包封装规范中的<mptr>元素应用细则。

本应用指南建议国家数字图书馆在对连续出版的期刊作长期保存时，把文章级别作为长期保存的最小粒度。因此，期刊级别的AIP包可以用METS指针指向各卷期，各卷期用文件指针指向各篇文章，形成层次清晰的层级结构。以下是期刊《数字图书馆论坛》对应的AIP包：

```
<!--本封装实例为《数字图书馆论坛》所有已出版刊期的AIP包。-->
<!--METS根元素组，补充说明METS所封装的对象标识、类型、XML命名域等。-->
<mets:mets OBJID="METS-d1e1" TYPE="issue" xmlns="http://www.loc.gov/METS/"
xmlns:xlink="http://www.w3.org/1999/xlink"
xmlns:xsi="http://www.w3.org/2001/XMLSchema-instance"
xsi:schemaLocation="http://www.loc.gov/METS/"
xmlns:nlcdmd="http://www.nlc.gov.cn/newstgc/gjsztsggc/bzgf/..."
http://www.loc.gov/standards/mets/mets.xsd
http://www.loc.gov/standards/premis/v2/premis-v2-0.xsd
xmlns:premis="http://www.loc.gov/standards/premis/v2/">
        <!--METS头，说明本METS文档的创建时间、最后修订时间、代理等。-->
        <mets:metsHdr CREATEDATE="2011-09-25T09:03:05.202+10:00" LASTMODDATE="2011-09-
25T09:03:05.202+10:00">
```

```
        <mets:agent ROLE="DISSEMINATOR" TYPE="ORGANIZATION">
            <mets:name>中国国家数字图书馆</mets:name>
        </mets:agent>
        <mets:agent ROLE="CREATOR" TYPE="OTHER">
            <mets:name>中国国家数字图书馆</mets:name>
        </mets:agent>
    </mets:metsHdr>
    <!--刊期级别的描述元数据，带有ID标识，其ID由国家数字图书馆唯一标识符标准规范唯一确定，国家数字图书馆可根据实际情况对数字对象赋予唯一的ID值。-->
    <mets:dmdSec ID="nlc001">
        <!--引用方式为内部引用，元数据类型为国家数字图书馆制定的期刊论文元数据著录规范，其元数据命名域暂定为NLCDMD。-->
        <mets:mdWrap MDTYPE="NLCDMD">
            <mets:xmlData>
                <nlcdmd:title>数字图书馆论坛</nlcdmd:title>
                <nlcdmd:creator>张秀梅</nlcdmd:creator>
                <nlcdmd:publisher>《数字图书馆论坛》编辑部
                </nlcdmd:publisher>
                <nlcdmd:contributor>顾晓光</nlcdmd:contributor>
                <nlcdmd:format>pdf</nlcdmd:format>
                <nlcdmd:source>数字图书馆论坛</nlcdmd:source>
                <nlcdmd:language>chn</nlcdmd:language>
                <nlcdmd:rights>公共领域</nlcdmd:rights>
                ...
            </mets:xmlData>
        </mets:mdWrap>
    </mets:dmdSec>
    <!--管理元数据节-->
    <mets:amdSec>
        <!--技术元数据-->
        <mets:techMD ID="nlc002001">
            <!--引用方式为内部引用，元数据类型为PREMIS，包括PREMIS对象标识、保存
```

```
级别、对象类别等。国家数字图书馆可根据国家数字图书馆长期保存元数据规范及应用指南选择相应的
PREMIS长期保存语义单元。-->
                <mets:mdWrap MDTYPE="PREMIS">
                    <mets:xmlData>
                        <premis:object
xmlns:premis="http://www.loc.gov/standards/premis">
                            <premis:objectIdentifier>
                                <premis:objectIdentifierType>auto
                                </premis:objectIdentifierType>
                                <premis:objectIdentifierValue>METS-d1e1
                                </premis:objectIdentifierValue>
                            </premis:objectIdentifier>
                            <premis:preservationLevel>full
                            </premis:preservationLevel>
                            <premis:objectCategory>Representation
                            </premis:objectCategory>
                        </premis:object>
                    </mets:xmlData>
                </mets:mdWrap>
            </mets:techMD>
        </mets:amdSec>
        <!--文件节-->
        <mets:fileSec>
            <!--文件组，其类型为pdf文件，包括文件大小、校验和、校验和类型、所有者ID等。本
例规定国家数字图书馆期刊长期保存的最小粒度是文章级，本节应包括已出版刊期的所有文章。为简略起
见，以下只包括了两篇文章的pdf文档。-->
            <mets:fileGrp USE="original">
                <mets:file ID="nlc003001" MIMETYPE="application/pdf" SIZE="60278" CHECKSUM="
eb0fcf9ba0c30b0d2266139a38b6b7fa" CHECKSUMTYPE="MD5" OWNERID="1.pdf">
                    <mets:FContent>
                        <mets:binData>Data</mets:binData>
                    </mets:FContent>
```

```
            </mets:file>
            <mets:file ID="nlc003002" MIMETYPE="application/pdf" SIZE="1552728"
CHECKSUM="58a82a739a9a30d39e35b88532777676" CHECKSUMTYPE="MD5"
OWNERID="2.pdf">
                <mets:FContent>
                    <mets:binData>Data</mets:binData>
                </mets:FContent>
            </mets:file>
        </mets:fileGrp>
    </mets:fileSec>
    <!--结构图-->
    <mets:structMap>
        <mets:div TYPE="issue" DMDID="nlc001001" ADMID="nlc002001">
            <mets:div TYPE="volume" LABEL="Volume I">
                <mets:mptr LOCTYPE="URL"
xlink:href="http://www.nlc.gov.cn/ltpreservation/journal/digiLibForum001.xml"/>
            </mets:div>
            <mets:div TYPE="volume" LABEL="Volume I">
                <mets:mptr LOCTYPE="URL"
xlink:href="http://www.nlc.gov.cn/ltpreservation/journal/digiLibForum002.xml"/>
            </mets:div>
        </mets:div>
    </mets:structMap>
</mets:mets>
```

4.3 一个SIP对应多个AIP

一个SIP对应多个AIP的例子：一个数据库商提交数据库包，记录为一个SIP。这些记录作为两个AIP存储：一个包含公开信息，另一个包含非公开或保密信息。这样对信息的访问更为便利。又比如，一个音乐CD作为一个SIP提交，要对音乐CD中的每首乐曲作长期保存，则每首乐曲对应一个AIP，这就出现一个SIP对应多个AIP的情况。

对于一个音乐CD对应多首乐曲的情况，AIP的保存描述信息和封装信息来自于SIP。要在描述元数据节中说明该音乐曲与音乐CD的继承关系，在管理元数据节中补充相应的保存描述信息，文件节中要说明保存的主文件（属于保存级别）、发布级别的衍生文件等。结构图中各个文件的关系为平行关系。

以下是一个音乐CD的例子。提交的SIP中，包括WAV和MP3两种文件格式，前者为长期保存级，后者为发布服务级。其中发布服务级又可能会有好几种码流供选择。本例为简略起见，发布服务级的MP3格式只包含一种。

```
<!--音乐CD的SIP包。为简略起见，本例只包括两首乐曲。-->
<mets:mets>
<!--描述元数据节-->
<mets:dmdSec/>
<!--管理元数据节-->
<mets:amdSec/>
<!--文件节-->
<mets:fileSec>
    <!--文件组，长期保存级别类型为wav格式，包括ID、文件大小、URL等。-->
    <mets:fileGrp USE="MASTER">
        <mets:file ID="Fd408e110" GROUPID="G1" MIMETYPE="audio/wav" SIZE="41101258"><mets:
    FLocat LOCTYPE="URL"
    xlink:href="http://www.nlc.gov.cn/ltpreservation/cd/audio/0001.wav"/>
        </mets:file>
        <mets:file ID="Fd408e118" GROUPID="G2" MIMETYPE="audio/wav" SIZE="22050058"><mets:
    FLocat LOCTYPE="URL"
    xlink:href="http://www.nlc.gov.cn/ltpreservation/cd/audio/0001.wav"/>
        </mets:file>
    <!--文件组，网络服务级别类型为MP3格式，包括ID、文件大小、URL等。-->
    <mets:fileGrp USE="SERVICE">
        <mets:file ID="Fd408e736" GROUPID="G1" MIMETYPE="audio/mp3" SIZE="2797568"><mets:FLocat
    LOCTYPE="URL"
        xlink:href="http://www.nlc.gov.cn/ltpreservation/cd/audio/0001.mp3"/>
        </mets:file>
        <mets:file ID="Fd408e750" GROUPID="G2" MIMETYPE="audio/mp3" SIZE="1503232"><mets:FLocat
    LOCTYPE="URL"
        xlink:href="http://www.nlc.gov.cn/ltpreservation/cd/audio/0001.mp3"/>
```

```
            </mets:file>
        </mets:fileGrp>
</mets:fileSec>
        <!--结构图-->
        <mets:structMap>
            <mets:div DMDID="MODS1" TYPE="cd:compactDiscObject">
                <mets:div TYPE="cd:disc">
                    <mets:div TYPE="cd:track" ID="disc01_tr001"
                DMDID="DMD_disc01_tr001">
                        <mets:div TYPE="cd:audio">
                            <mets:fptr FILEID="Fd408e110"/>
                            <mets:fptr FILEID="Fd408e736"/>
                        </mets:div>
                    </mets:div>
                <mets:div TYPE="cd:track" ID="disc01_tr002"
            DMDID="DMD_disc01_tr002">
                    <mets:div TYPE="cd:audio">
                        <mets:fptr FILEID="Fd408e118"/>
                        <mets:fptr FILEID="Fd408e750"/>
                    </mets:div>
                </mets:div>
            </mets:div>
        </mets:structMap>
</mets:mets>
```

在对每首乐曲作长期保存时，需要注意乐曲和音乐CD的继承关系。在对单首乐曲作长期保存时，只保存WAV格式的文件。以下是单首乐曲的AIP包。

```
<!--音乐CD单首乐曲的AIP包。-->
<!--METS根元素组，说明METS所封装的对象标识、类型、XML命名域等。-->
<mets:mets>
<!--METS头，说明本METS文档的创建时间、最后修订时间、代理等。本例从略。-->
<mets:metsHdr/>
<!--描述元数据节，带有ID标识，其标识符由国家数字图书馆唯一标识符标准规范赋值，需要说明单首乐曲
```

```
与音乐CD的继承关系。本例描述元数据节从略。-->
<mets:dmdSec ID="DMD1">
</mets:dmdSec>
<!--管理元数据节，带有ID标识，其标识符由国家数字图书馆唯一标识符标准规范赋值。本例管理元数据节从略。-->
<mets:amdSec ID="AMD1">
</mets:amdSec>
<!--文件节-->
<mets:fileSec>
    <!--文件组，其类型为WAV文件格式，包括文件大小、URL、所有者ID等。-->
    <mets:fileGrp USE="MASTER">
    <mets:file ID="Fd408e110" MIMETYPE="audio/wav"
SIZE="41101258"><mets:FLocat LOCTYPE="URL"
xlink:href="http://www.nlc.gov.cn/ltpreservation/cd/audio/0001.wav"/>
    </mets:file>
    </mets:fileSec>
    <!--结构图-->
    <mets:structMap>
        <mets:div DMDID="DMD1" TYPE="cd:compactDiscObject">
            <mets:div TYPE="cd:disc">
                <mets:div TYPE="cd:track" ID="disc01_tr001"
            DMDID="DMD_disc01_tr001">
                    <mets:div TYPE="cd:audio">
                        <mets:fptr FILEID="Fd408e110"/>
                    </mets:div>
            </mets:div>
        </mets:div>
    </mets:structMap>
</mets:mets>
```

4.4 多个SIP对应多个AIP

多个SIP对应多个AIP的例子：一个数据库商收集其数据库的数据。它每年提交的SIP包含一系列电子期刊的所有状态信息，按时间封包。AIP存储关于整个期刊数据库的数据，需要把各个电子期刊的信息放到相应的AIP中。

本应用指南建议一个SIP只包含一个知识实体，因此本例不具实际意义。

一个多目录的SIP包括一个描述文件和多个位于子目录下的内容文件，如下所示。

```
/NLCJNL0001（SIP目录，名为NLCJNL0001）
    NLCJNL0001.xml（METS描述文件，位于最高级别的目录下）
    /aaa（下一级目录）
        0001.pdf
        0002.pdf
        ...
    /zzz（下一级目录）
        0006.pdf
        0007.pdf
        ...
```


/NLCJNL0001（SIP目录，名为NLCJNL0001）

NLCJNL0001.xml（METS描述文件，位于最高级别的目录下）

/aaa（下一级目录）

0001.pdf

0002.pdf

...

/zzz（下一级目录）

0006.pdf

0007.pdf

...

数据库商提交的SIP必须包含一个描述整包信息的METS文件，以及至少一个内容文件。对于电子期刊来说，本应用指南建议在描述文件中包括期刊的卷期信息，即卷期信息不仅要在描述元数据节中提供，还要求在描述文件的结构图节中的LABEL、ORDERLABEL、TYPE属性中加以揭示，如下所示。

```
<METS:structMap>
    <METS:div DMDID=”DMD1” LABEL=”Volume 25 (2005-2006)” ORDERLABEL=”25”
TYPE=”volume” >
        <METS:div DMDID=”DMD2” LABEL=”Number 3” ORDERLABEL=”3” TYPE=”
```

```
issue”>
                    <METS:fptr FILEID=” [文件唯一标识符]">
                    ...
                </METS:div>
            </METS:div>
    </METS:structMap>
```

提交的SIP包在存档成AIP前，需经过文件格式识别、验证、抽取技术元数据、创建存档版本文件（如提交的若是CAJ格式，需转换成PDF格式）等。

4.5 从AIP到DIP

分发信息包（DIP）来源于一个或多个AIP，由OAIS发送给消费者。DIP根据消费者的请求发送，可能是AIP的所有或部分。DIP和AIP在形式和内容上可能都有不同。两者的区别包括内容格式（如在分发前，一个图像文件可能会从TIFF格式转换为JPEG格式）、内容总量（一个DIP可能相当于一个AIP、多个AIP，甚至是一个AIP的一部分）、随内容提供的元数据数量（很可能DIP不包含一个存档数字对象的所有元数据集，因为消费者对其中很多元数据没什么兴趣）。

示例：

网络发布的JPG图像由TIFF图像派生。两个图像文件<file>元素的GROUPID属性值相同，都是“IMAGE01”，这表明虽然这两个文件格式不同，但包含相同的基本信息。除了要在DIP的METS文档的管理元数据节中表明两者的派生关系以外，在文件节的描述如下：

```
<mets:fileSec>
    <mets:fileGrp ID="FORMAT1" USE="Master Image">
        <mets:file ID="FILE001" MIMETYPE="image/tiff" SIZE="1121028"
        CREATED="2012-02-17" GROUPID="IMAGE1">
            <mets:FLocat LOCTYPE="URL"
            http://www.nlc.org.cn/image/gloria.tiff>
            </mets:FLocat>
    </mets:fileGrp>
    <mets:fileGrp ID="FORMAT2" VERSDATE="2012-03-10" USE="Derivative Image">
        <mets:file ID="FILE002" MIMETYPE="image/jpeg" SIZE="966212"
        CREATED="2012-02-18" GROUPID="IMAGE1">
            <mets:FLocat LOCTYPE="URL"
```

```
                    http://www.nlc.org.cn/image/gloria.jpg>
                    </mets:FLocat>
               </mets:file>
          </mets:fileGrp>
     </mets:fileSec>
```

附录 （资料性附录）电子期刊封装实例（刊期级别）

<!--本封装实例针对的例子是电子期刊，为《数字图书馆论坛》2008年第12期，总第55期。该期有十余篇文章，本例只举其中两篇文章。-->

<!--METS根元素组，说明METS所封装的对象标识、类型、XML命名域等-->

<mets:mets OBJID="METS-d1e1" TYPE="issue" xmlns="http://www.loc.gov/METS/"

xmlns:xlink="http://www.w3.org/1999/xlink"

xmlns:xsi="http://www.w3.org/2001/XMLSchema-instance"

xsi:schemaLocation="http://www.loc.gov/METS/"

xmlns:nlcdmd="http://www.nlc.gov.cn/newstgc/gjsztsggc/bzgf/..."

http://www.loc.gov/standards/mets/mets.xsd

http://www.loc.gov/standards/premis/v2/premis-v2-0.xsd

xmlns:premis="http://www.loc.gov/standards/premis/v2/">

<!--METS头，说明本METS文档的创建时间、最后修订时间、代理等。-->

<mets:metsHdr CREATEDATE="2011-09-25T09:03:05.202+10:00" LASTMODDATE="2011-09-25T09:03:05.202+10:00">

<mets:agent ROLE="DISSEMINATOR" TYPE="ORGANIZATION">

<mets:name>中国国家数字图书馆</mets:name>

</mets:agent>

<mets:agent ROLE="CREATOR" TYPE="OTHER">

<mets:name>中国国家数字图书馆</mets:name>

</mets:agent>

</mets:metsHdr>

<!--刊期级别的描述元数据，带有ID标识，其ID由国家数字图书馆唯一标识符标准规范唯一确定，国家数字图书馆可根据实际情况对数字对象赋予唯一的ID值。-->

<mets:dmdSec ID="nlc001">

<!--引用方式为内部引用，元数据类型为国家数字图书馆制定的期刊论文元数据著录规范，其元数据命名域暂定为NLCDMD。-->

<mets:mdWrap MDTYPE="NLCDMD">

```xml
            <mets:xmlData>
                <nlcdmd:title>数字图书馆论坛</nlcdmd:title>
                <nlcdmd:creator>张秀梅</nlcdmd:creator>
                <nlcdmd:publisher>《数字图书馆论坛》编辑部
                </nlcdmd:publisher>
                <nlcdmd:contributor>顾晓光</nlcdmd:contributor>
                <nlcdmd:date>2008-12-25</nlcdmd:date>
                <nlcdmd:year>2008</nlcdmd:year>
                <nlcdmd:issue>55</nlcdmd:issue>
                <nlcdmd:format>pdf</nlcdmd:format>
                <nlcdmd:identifier>nlc001</nlcdmd:identifier>
                <nlcdmd:source>数字图书馆论坛</nlcdmd:source>
                <nlcdmd:language>chn</nlcdmd:language>
                <nlcdmd:rights>公共领域</nlcdmd:rights>
            </mets:xmlData>
        </mets:mdWrap>
    </mets:dmdSec>
    <!--第一篇文章的描述元数据，元数据类型为国家数字图书馆制定的期刊论文元数据著录
规范，其元数据命名域暂定为NLCDMD。ID值由国家数字图书馆唯一标识符标准规范唯一确定。-->
    <mets:dmdSec ID="nlc001001">
        <mets:mdWrap MDTYPE="NLCDMD">
            <mets:xmlData>
                <nlcdmd:title>对虚拟社会信息交流的定性研究
                </nlcdmd:title>
                <nlcdmd:creator>韩圣龙</nlcdmd:creator>
                <nlcdmd:organization>北京大学信息管理系
                </nlcdmd:organization>
                <nlcdmd:role>撰写</nlcdmd:role>
                <nlcdmd:doi>10.3772/j.issn.1673-2286.2008.12.001
                </nlcdmd:doi>
                <nlcdmd:format>pdf</nlcdmd:format>
                <nlcdmd:language>chn</nlcdmd:language>
```

```xml
<nlcdmd:issue>55</nlcdmd:issue>
<nlcdmd:rights>公共领域</nlcdmd:rights>
<nlcdmd:start_page>1</nlcdmd:start_page>
<nlcdmd:end_page>1</nlcdmd:end_page>
<nlcdmd:source>数字图书馆论坛</nlcdmd:source>
<nlcdmd:total_page_number>1
</nlcdmd:total_page_number>
</mets:xmlData>
</mets:mdWrap>
</mets:dmdSec>
<!--第二篇文章的描述元数据，元数据类型为国家数字图书馆制定的期刊论文元数据著录规范，其元数据命名域暂定为NLCDMD。-->
<mets:dmdSec ID="nlc001002">
<mets:mdWrap MDTYPE="NLCDMD">
<mets:xmlData>
<nlcdmd:title>对网络游戏中虚拟社会的观察研究
</nlcdmd:title>
<nlcdmd:alternative>以《魔兽世界》游戏的三年参与观察研究为例
</nlcdmd:alternative>
<nlcdmd:creator>韩圣龙</nlcdmd:creator>
<nlcdmd:organization>北京大学信息管理系
</nlcdmd:organization>
<nlcdmd:explain>韩圣龙（1972-），北京大学信息管理系副教授，博士；研究方向：计算机情报检索。</nlcdmd:explain>
<nlcdmd:role>撰写</nlcdmd:role>
<nlcdmd:creator>屈鹏</nlcdmd:creator>
<nlcdmd:organization>北京大学信息管理系
</nlcdmd:organization>
<nlcdmd:explain>屈鹏（1983-），北京大学信息管理系博士研究生；研究方向：计算机情报检索。</nlcdmd:explain>
<nlcdmd:role>撰写</nlcdmd:role>
<nlcdmd:contributor>贾延霞</nlcdmd:contributor>
```

<nlcdmd:role>责任编辑</nlcdmd:role>

<nlcdmd:date>2008-08-30</nlcdmd:date>

<nlcdmd:year>2008</nlcdmd:year>

<nlcdmd:reference>KOLBERT E. Pimps and dragons: how an online world survived a social breakdown [N/OL]. The New Yorker, 2001-05-28 [2008-01-05]. http://www.newyorker.com/fact/content/?010528fa_FACT.</nlcdmd:reference>

<nlcdmd:reference>杨德仁,顾君忠.网络游戏体系结构的研究与应用综述[J].计算机应用与软件,2007,24(3):113-116.</nlcdmd:reference>

...

<nlcdmd:keyword>网络游戏</nlcdmd:keyword>

<nlcdmd:keyword>观察研究</nlcdmd:keyword>

...

<nlcdmd:abstract>大型多人在线角色扮演游戏（MMORPG）拥有大量的用户，在一些较为优秀的游戏中已经形成较为成熟的社会结构。与此同时，网络游戏又是现阶段最成熟虚拟现实技术的练兵场。因此，对网络游戏的虚拟社会进行研究有着理论和现实意义。文章以《魔兽世界》游戏为平台，对其中的虚拟社会的社会结构进行定性的实地观察研究。通过三年的参与观察，采用记录的方式给出了一个网络游戏中的虚拟社会的结构及其特征。以期通过这样的研究在方法论、理论和方法层面提供可借鉴的结果和方法。该文为《数字图书馆论坛》2008年第12期本期话题“虚拟社会”的文章之一。

</nlcdmd:abstract>

<nlcdmd:abstract_alternative>Thousands of users take part in massively multiplayer online role playing games (MMORPG), in which mature social structures form in excellent games. Meanwhile, online games are also the maidens of virtual reality techniques. As the reasons above, the study on the virtual society in online games has both theoretical and practical values. The research is carried on World of Warcraft; concerns on the social structure of virtual society with qualitative field observation. After having co-lived for 3 years, the authors record comparatively the structure of the virtual society in online games and their characters. Hope this research can bring useful results and methods for methodologies, theories and methods.

</nlcdmd:abstract_alternative>

<nlcdmd:doi>10.3772/j.issn.1673-2286.2008.12.001

</nlcdmd:doi>

<nlcdmd:format>pdf</nlcdmd:format>

<nlcdmd:language>chn</nlcdmd:language>

<nlcdmd:other_language>eng

```
                </nlcdmd:other_language>
                <nlcdmd:rights>公共领域</nlcdmd:rights>
                <nlcdmd:source>数字图书馆论坛</nlcdmd:source>
                <nlcdmd:issue>55</nlcdmd:issue>
                <nlcdmd:start_page>2</nlcdmd:start_page>
                <nlcdmd:end_page>6</nlcdmd:end_page>
                <nlcdmd:total_page_number>5
                </nlcdmd:total_page_number>
            </mets:xmlData>
        </mets:mdWrap>
    </mets:dmdSec>
    <!--管理元数据节-->
    <mets:amdSec>
        <!--技术元数据-->
        <mets:techMD ID="nlc002001">
            <!--引用方式为内部引用，元数据类型为PREMIS，包括PREMIS对象标识、保存
级别、对象类别等。国家数字图书馆可根据国家数字图书馆长期保存元数据规范及应用指南选择相应的
PREMIS长期保存语义单元。-->
            <mets:mdWrap MDTYPE="PREMIS">
                <mets:xmlData>
                    <premis:object
xmlns:premis="http://www.loc.gov/standards/premis">
                        <premis:objectIdentifier>
                            <premis:objectIdentifierType>auto
                            </premis:objectIdentifierType>
                            <premis:objectIdentifierValue>METS-d1e1
                            </premis:objectIdentifierValue>
                        </premis:objectIdentifier>
                        <premis:preservationLevel>full
                        </premis:preservationLevel>
                        <premis:objectCategory>Representation
                        </premis:objectCategory>
```

```
                </premis:object>
            </mets:xmlData>
        </mets:mdWrap>
    </mets:techMD>
</mets:amdSec>
<!--文件节-->
<mets:fileSec>
    <!--文件组，其类型为pdf文件，包括文件大小、校验和、校验和类型、所有者ID
等。-->
    <mets:fileGrp USE="original">
        <mets:file ID="nlc003001" MIMETYPE="application/pdf" SIZE="60278"
CHECKSUM="eb0fcf9ba0c30b0d2266139a38b6b7fa" CHECKSUMTYPE="MD5" OWNERID="1.pdf">
            <mets:FContent>
                <mets:binData>Data</mets:binData>
            </mets:FContent>
        </mets:file>
        <mets:file ID="nlc003002" MIMETYPE="application/pdf"
SIZE="1552728" CHECKSUM="58a82a739a9a30d39e35b88532777676" CHECKSUMTYPE="MD5"
OWNERID="2.pdf">
            <mets:FContent>
                <mets:binData>Data</mets:binData>
            </mets:FContent>
        </mets:file>
    </mets:fileGrp>
</mets:fileSec>
<!--结构图-->
<mets:structMap>
    <mets:div TYPE="issue" DMDID="nlc001001" ADMID="nlc002001">
        <mets:div TYPE="文章">
            <mets:fptr FILEID="nlc003001"/>
        </mets:div>
        <mets:div TYPE="文章">
```

```
                        <mets:fptr FILEID="nlc003002"/>
                    </mets:div>
                </mets:div>
            </mets:structMap>
        </mets:mets>
```

参考文献

[1] Reference Model for an Open Archival Information System (OAIS) Pink Book, Draft Recommended Standard [S]. CCSDS 650.0-P-1.1, August 2009

[2] Digital Library Federation. Metadata Encoding and Transmission Standard: Primer and Reference Manual, Version 1.6 Revised 2010–4 [M/OL]. [2012–02–29]. http://www.loc.gov/standards/mets/METSPrimerRevised.pdf

[3] METS Schema 1.7 Documentation [EB/OL]. [2012–02–29]. http://www.loc.gov/standards/mets/docs/mets.v1–7.html

[4] Guidelines for using PREMIS with METS for exchange, Revised September 17, 2008 [EB/OL]. [2012–02–29]. www.loc.gov/standards/premis/guidelines–premismets.pdf

[5] VERMAATEN S. A Checklist for Documenting PREMIS–METS Decisions in METS Profiles [EB/OL]. (May 2010) [2012–02–29]. http://www.loc.gov/standards/premis/premis_mets_checklist.pdf

[6] APSR. Report of the METS Profile Development Project [R/OL]. [2012–02–29]. http://www.apsr.edu.au/nla–mets/mets_profile_report.pdf

[7] DAITSS Overview [EB/OL]. [2012–02–29]. http://daitss.fcla.edu/sites/daitss.fcla.edu/files/Chapter_1_DAITSS_Overview.pdf

[8] The DAITSS Archiving Process [EB/OL]. [2012–02–29]. http://daitss.fcla.edu/sites/daitss.fcla.edu/files/Chapter_5_Archiving.pdf